APRENDER GIMNASIA EN UN FIN DE SEMANA

APRENDER GIMNASIA EN UN FIN DE SEMANA

NICK WHITEHEAD

Fotografías de Philip Gatward

Planeta

OTROS TÍTULOS EN LA MISMA COLECCIÓN

Aprender Tenis en un Fin de Semana
Aprender Vela en un Fin de Semana
Aprender Golf en un Fin de Semana
Aprender Escalada en un Fin de Semana
Aprender Esquí en un Fin de Semana (*en preparación*)
Aprender Natación en un Fin de Semana (*en preparación*)

[DK]

Un libro de Dorling Kindersley

en la colección
MANUALES PRÁCTICOS PLANETA
Dirección editorial
Juan Capdevila

Título original
Learn a Weight Training Programme in a Weekend

Traducción
Fernando Ruiz Gabás

© 1991 by Dorling Kindersley Ltd.

© del texto, Dr. Nick Whitehead

Derechos en español y propiedad de la traducción
© Editorial Planeta, S. A., 1992
Córcega, 273-279, 08008 Barcelona (España)

Primera edición: febrero de 1992

ISBN 0-86318-661-0 editor Dorling Kindersley Ltd.,
Londres, edición original
ISBN 84-320-4824-0

Depósito Legal: TO. 2024 - 1991

Fotocomposición: Víctor Igual, S. A.,
Pujades, 68-72, 08005 Barcelona (España)

Printed and bound in Spain by
Artes Gráficas Toledo, S. A.

CONTENIDO

INTRODUCCIÓN

BIENVENIDO A LA GIMNASIA CON PESAS. Mantenerse en forma haciendo ejercicio en el gimnasio ha llegado a ser algo importante en nuestra lucha contra las tensiones de la vida moderna, trabajando demasiaso intensamente y convirtiéndonos en espectadores pasivos en el sofá ante el televisor. El objetivo de *Aprender Gimnasia en un Fin de Semana* es enseñarle algunos ejercicios básicos de fortalecimiento muscular en un programa de 1 hora y media diaria, y estimularle a seguir y hacerse socio de un gimnasio. Es indudable que la gimnasia con pesas puede ser útil para todos nosotros. Fortalece el corazón y los pulmones para deportes como el atletismo; y también desarrolla vigor muscular para actividades como el baile.

En contra de la creencia popular, nadie llega a adquirir volumen muscular con la gimnasia con pesas. Cuando realice el Cursillo de Fin de Semana comprobará que tanto hombres como mujeres de todos los niveles de forma física pueden beneficiarse con la flexibilidad de articulaciones que proporcionan los ejercicios. *Aprender Gimnasia en un Fin de Semana* le demostrará que estos ejercicios pueden mejorar su puesta a punto y su forma física, y pueden constituir un deporte que proporcione muchas satisfacciones.

NICK WHITEHEAD

UNA AYUDA

En muchos de los ejercicios con **pesas libres** que efectúe en el gimnasio será beneficioso contar con la ayuda de un compañero. Puede situarse detrás de usted cuando esté tumbado en el banco de ejercicios con pesas para ayudarle a sacar y a colocar la pesada **barra** en el **soporte** o para animarle cuando levante los pesos y desarrolle su programa de ejercicios.

PREPARATIVOS PARA EL FIN DE SEMANA

Preparación mental y física para el cursillo

AHORA QUE HA DECIDIDO EMBARCARSE en este proyecto de gimnasia con pesas, el primer paso es concretar el porqué desea hacerlo. ¿Desea perder peso? ¿Mejorar su figura? ¿Llegar a ser más fuerte o estar en mejor forma física? ¿O entrenar para otro deporte? Debe tener un objetivo específico, pues de lo contrario perderá entusiasmo y no progresará. A continuación, elija a un compañero para animarle a entrenar, aun cuando no le apetezca, y que pueda ayudarle y estimularle en los ejercicios con **pesas libres**. Escoja una indumentaria cómoda y accesorios adaptados a su presupuesto.

Antes de acudir a un gimnasio, realice algunos ejercicios suaves durante un par de semanas: practique jogging y camine unos dos kilómetros, dos veces por semana; nade algunas piscinas; efectúe algunos ejercicios de estiramiento en su casa; o recorra unos tres kilómetros en bicicleta. Al principio se sentirá rígido, pero pronto notará los beneficios. Seleccione un gimnasio bien organizado y con ambiente agradable.

PESAS
Averigüe cuáles son las pesas adecuadas (pp. 10-13).

BICICLETA ESTÁTICA
El ejercicio **aeróbico** sobre bicicletas u otras máquinas es importante para que el corazón y los pulmones trabajen eficazmente (pp. 20-21).

MANCUERNAS
Úselas para mejorar los músculos del brazo (pp. 10-11).

BARRAS
Realice ejercicios de musculación con ellas (pp. 12-13).

En su primera sesión de gimnasia procure que los instructores le ayuden a identificar sus grupos musculares más débiles, le enseñen cómo utilizar todas las máquinas de ejercicios con pesas del gimnasio, y le destaquen la importancia de realizar algunos ejercicios de **calentamiento** y de **enfriamiento.**
Las palabras en negrita se explican con más detalle en el glosario (pp. 92-93).

MÁQUINAS DE ALTA TECNOLOGÍA

Además de usar **pesas libres,** puede mejorar grupos musculares específicos, tales como los de las piernas, con las **máquinas fijas de pesas** (pp. 16-19).

PRENDAS CÓMODAS

Use siempre prendas cómodas. Compruebe que le permiten estirarse fácilmente en todas las posiciones necesarias cuando realice un programa de gimnasia con pesas (pp. 22-23).

PESAS LIBRES

Selección disponible y cuáles utilizar

LA ADAPTABILIDAD DE LAS **PESAS LIBRES** las hace ideales para su uso en casa y en el gimnasio. Aunque más difíciles de manejar que las **máquinas fijas**, lo cierto es que con **barras** y **mancuernas** pueden realizarse multitud de ejercicios.

MANCUERNAS

Utilizadas específicamente para ejercicios de trabajo de brazos. Están formadas por barras metálicas cortas, en cuyos extremos se añaden las pesas.

• **DISCOS DE VINILO**
Discos de pesas para uso casero.

• **PESAS DE METAL**
Fabricados en hierro fundido. Son **discos** muy duraderos, y los hay de diferentes tamaños.

• **ANILLOS DE PLÁSTICO**
Fijan las pesas de vinilo en su lugar, son más ligeros que los **anillos** de hierro fundido, y suelen suministrarse con las pesas caseras.

• **ANILLOS DE HIERRO FUNDIDO**
Son fijaciones fuertes y resistentes.

Agarre de metal

Agarre de plástico, estriado

Barra de aleación, de acero

Barra de acero

Barra de acero con agarre

Barra de aleación de acero, con agarre de metal

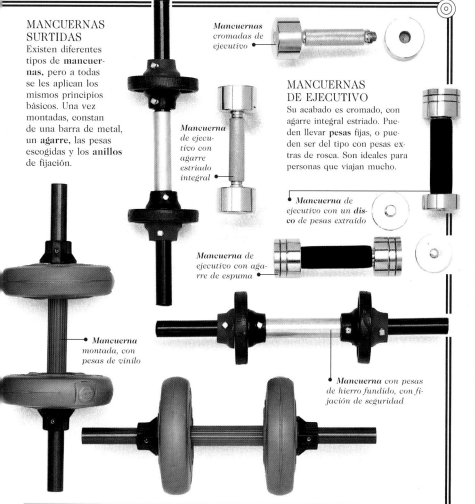

MANCUERNAS SURTIDAS

Existen diferentes tipos de **mancuernas,** pero a todas se les aplican los mismos principios básicos. Una vez montadas, constan de una barra de metal, un **agarre,** las pesas escogidas y los **anillos** de fijación.

Mancuernas cromadas de ejecutivo

MANCUERNAS DE EJECUTIVO

Su acabado es cromado, con agarre integral estriado. Pueden llevar **pesas** fijas, o pueden ser del tipo con pesas extras de rosca. Son ideales para personas que viajan mucho.

Mancuerna de ejecutivo con agarre estriado integral

*Mancuerna de ejecutivo con un **disco** de pesas extraído*

Mancuerna de ejecutivo con agarre de espuma

Mancuerna montada, con pesas de vinilo

Mancuerna con pesas de hierro fundido, con fijación de seguridad

---

INSTRUCCIONES DE MONTAJE

CÓMO UNIR LAS PARTES

Para montar una **mancuerna** coja primero la barra pequeña, sujétela cerca del suelo si cree que la pesa puede resbalarse. Coloque el **agarre** protector y luego deslice un **anillo** (A) con el extremo ancho mirando hacia fuera; apriete ligeramente la fijación. Deslice la pesa apropiada para el ejercicio (B), antes de añadir el anillo del extremo, pero esta vez el extremo ancho debe mirar hacia dentro (C). Apriete siempre con firmeza los **tornillos** de las fijaciones. Repita el proceso en el otro extremo.

Barras

Son las piezas principales del equipo para ejercicios de entrenamiento con pesas. Son barras de acero, cuya longitud puede oscilar entre 1,2 m y 2,1 m. En cada extremo de las barras se fijan los **discos** de pesas de acero o de hierro fundido, por lo general en cantidades sucesivas de 2,5 kg para formar diferentes pesos. Las **barras** más económicas, normalmente para uso casero, están fabricadas de vinilo pesado. Los **anillos** se añaden después de los discos de pesas y es necesario apretarlos bien para mantener a éstos firmes en su lugar. Pueden colocarse **agarres** de plástico en la barra antes de añadir las pesas, para evitar que aparezcan ampollas en las manos o forzar en exceso las muñecas.

Pesas de hierro fundido
Su peso va de 1 kg a 20 kg.

*Barra sólida de aleación de acero de 1,3 m, para **discos** de hierro fundido*

Agarre *de acero cromado para barra de aleación*

*Barra de 1,7 m para **discos** de vinilo pesado*

Agarre *con superficie de plástico, estriado, para barra de acero*

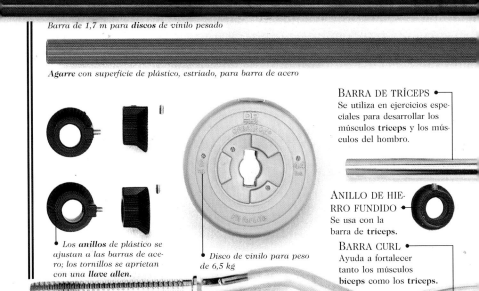

Barra de tríceps
Se utiliza en ejercicios especiales para desarrollar los músculos **triceps** y los músculos del hombro.

*Los **anillos** de plástico se ajustan a las barras de acero; los tornillos se aprietan con una **llave allen**.*

Disco de vinilo para peso de 6,5 kg

Anillo de hierro fundido
Se usa con la barra de **triceps**.

Barra curl
Ayuda a fortalecer tanto los músculos **biceps** como los **triceps**.

Barra curl *de acero sólido para ejercicios de curl de brazos*

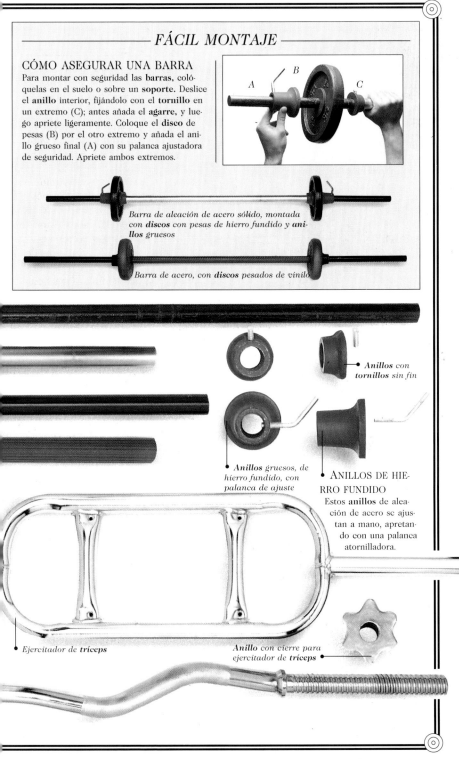

FÁCIL MONTAJE

CÓMO ASEGURAR UNA BARRA

Para montar con seguridad las **barras**, colóquelas en el suelo o sobre un **soporte**. Deslice el **anillo** interior, fijándolo con el **tornillo** en un extremo (C); antes añada el **agarre**, y luego apriete ligeramente. Coloque el **disco** de pesas (B) por el otro extremo y añada el anillo grueso final (A) con su palanca ajustadora de seguridad. Apriete ambos extremos.

*Barra de aleación de acero sólido, montada con **discos** con pesas de hierro fundido y **anillos** gruesos*

*Barra de acero, con **discos** pesados de vinilo*

Anillos con *tornillos sin fin*

Anillos gruesos, de hierro fundido, con palanca de ajuste

ANILLOS DE HIERRO FUNDIDO

Estos **anillos** de aleación de acero se ajustan a mano, apretando con una palanca atornilladora.

*Ejercitador de **tríceps***

*Anillo con cierre para ejercitador de **tríceps***

BANCO MULTIUSO

Para muchos de los ejercicios con **pesas libres** y de **press de banco**, es necesario un banco de estructura rígida o tubular. Los hay de diferentes tipos, varios de ellos apropiados para uso casero, y deben estar almohadillados para mayor comodidad. Su posición puede ajustarse para adaptarse a los diversos ejercicios. A menudo llevan incorporados soportes para **barra**, y elementos de elevación para piernas y brazos, para los ejercicios correspondientes. Antes de iniciar los ejercicios, cerciórese de que ha ajustado el banco a la altura correcta.

PESAS
Las pesas de la **barra** se apoyan firmemente en el **soporte** superior del armazón del banco.

ASIENTO RECLINABLE
El asiento almohadillado puede colocarse plano o inclinado para adaptarse a los distintos ejercicios.

UNIDAD «BUTTERFLY»
Coloque los brazos bajo estos apoyos de espuma.

PUNTOS DE AJUSTE
El sólido armazón tiene varios puntos graduables de ajuste, para poder inclinar el banco.

MOVIMIENTOS DE BRAZOS

La unidad extraíble «butterfly» en el banco se utiliza para ejercicios de hombros y de brazos. Coloque el banco en el ángulo correcto y ajuste las pesas para su adaptación.

EL ARMAZÓN
El pie curvo de apoyo del armazón debe colocarse sobre una superficie plana y resistente, para la máxima estabilidad del banco. Un dormitorio de suelo poco firme puede no resistir adecuadamente todo el peso.

BRAZOS •
Mantenga tensos los
brazos, mientras un
compañero le ayuda
a elevar la **barra**
fuera del **soporte**.

• AGARRE
Es necesario agarrar
la **barra** *por fuera* de
los montantes del **so-
porte**.

• TRONCO
El tronco no debe
levantarse del banco
durante un ejercicio
con pesas.

RODILLAS •
Al empezar a agarrar la
barra, sus rodillas deben
estar en un ángulo de 90°.

• PIERNAS
Sus piernas ayudan a pro-
porcionar un apoyo fuerte,
pero deben permanecer
siempre inmóviles durante
el ejercicio.

PIES •
Para un mejor equilibrio, asiente
firmemente ambos pies sobre la
superficie del suelo.

ELEMENTO DE ELEVACIÓN
DE PIERNAS •
Los ejercicios de **curl de piernas** y
extensión de piernas (ver pp.
74-75) se efectúan utilizando este
complemento especial de elevación.

AJUSTADOR
DEL ASIENTO •
Compruebe que el asiento
está firmemente fijado a una
altura cómoda antes de iniciar la sesión.

• PESAS PARA PIERNAS
Empiece utilizando pesas ligeras para sus
ejercicios de piernas y auméntelas gradualmente a medida que mejore su forma
física. Compruebe que los **anillos** estén
siempre apretados para evitar el desliza-
miento de las pesas.

PROTECTORES
DE LAS RODILLAS •
Unas almohadillas extraibles
de espuma para proteger las
rodillas se fijan firmemente
a la altura adecuada en el
banco antes de iniciar un
ejercicio.

MOVIMIENTOS DE PIERNAS
El elemento ex-
traíble de eleva-
ción de piernas es
un complemento
versátil del ban-
co para ejercicios
de **curl de pier-
nas** y **extensión
de piernas**. Ayu-
dan a trabajar to-
dos los músculos
del muslo.

Máquinas fijas

Equipamiento versátil para ejercitar todo el cuerpo

En los gimnasios modernos existe una amplia gama de **máquinas fijas de pesas** para trabajar diferentes zonas del cuerpo. Su manejo es sencillo, y su funcionamiento se basa en un sistema de **poleas** con pesas que pueden regularse con pesos bajos o altos, con sólo mover una llave fija incorporada. Muchos de los ejercicios que se realizan con **pesas libres** pueden adaptarse a estas máquinas. Las **multi-estaciones** son ideales para los gimnasios más pequeños, pues son muy compactas, y los monitores de gimnasia pueden supervisar a varias personas que realicen distintos ejercicios a la vez. Las multi-gimnasios o «fitness-centres» pueden adquirirse para uso casero para practicar una amplia gama de ejercicios de fortalecimiento muscular.

Multi-gimnasio casero

Esta máquina compacta y versátil puede instalarse en su dormitorio o en su cuarto de estar y fijarse a la pared para un uso estable. Si no desea ir al gimnasio, puede efectuar ejercicios de brazos, hombros, tronco y piernas en la comodidad de su propio hogar.

Asiento inclinable
El banco regulable de la máquina puede inclinarse o colocarse plano para adaptarse al ejercicio.

Complemento para piernas
Tanto los ejercicios de **extensión de piernas** como los de **curl de piernas** (ver pp. 74-75), que ayudan a fortalecer y desarrollar los músculos de las piernas, pueden realizarse con esta versátil parte de la multi-gimnasio.

Ajuste del asiento
Recuerde ajustar siempre el asiento al ángulo correcto para adaptarse al movimiento; si el ajuste es incorrecto pueden producirse lesiones.

POLEA
Este sistema de **polea** tiene una acción **isotónica**, lo cual exige siempre cierto esfuerzo inicial para mover las pesas.

CABLES
Si la multi-gimnasio se utiliza correctamente, los cables permanecen en su posición, pero pueden empezar a desgastarse con un uso constante.

BARRA DE JALONES EN POLEA
Esta barra puede usarse en primer lugar en posición de sentado. Tire hacia abajo con ambas manos hasta que descanse tras la nuca, para crear un movimiento fortalecedor de los brazos y la espalda (ver pp. 66-67). Si cambia a posición de pie, puede hacerse el jalón con la barra por delante para trabajar los músculos **triceps**.

BARRAS LATERALES
Desde la posición de acostado puede empujar hacia arriba estos agarres para realizar un ejercicio de **press-banca** (ver pp. 36-37).

PIERNAS EN POLEA
Antes de iniciar cualquier ejercicio de piernas, compruebe primero que este cable de **polea** esté unido a la parte principal de la multigimnasio.

ARMAZÓN
Atornille el armazón a una pared con las fijaciones superior e inferior.

SISTEMA DE APILADO DE PESAS
Una vez haya decidido el peso que va a usar, coloque la llave de palanca en el orificio correcto. Esto asegurará que sólo eleva el número de **discos** de pesas que desea. Eleve y descienda las pesas de modo lento y controlado. No las deje ir a medio recorrido, pues darán sacudidas.

PESAS
Ponga las pesas a un nivel que pueda manejar fácilmente, y auméntelas a medida que mejore su forma física. No se preocupe si accidentalmente se le caen las pesas durante un ejercicio, no le lesionarán, pues se depositan en la **pila**.

MÁQUINAS DE GIMNASIO

Las **máquinas fijas de pesas** que tienen los gimnasios modernos son muy sofisticadas y proporcionan un efecto más específico sobre los grupos musculares que las **pesas libres**. Su uso es más sencillo y seguro que el de las pesas libres, pues cualquier caída de las pesas se produce en el **apilador** dentro de la máquina.

RODILLO ALMOHADILLADO
Los músculos de la pierna empujan el rodillo atrás y adelante.

MÁQUINA COMPLETA DE CADERAS
Caderas y muslos pueden trabajarse aisladamente con esta máquina. Los músculos **abductores** (exteriores) del muslo trabajan duro cuando se empuja el rodillo desde el cuerpo en una acción de balanceo de la cadera. Los músculos **aductores** (interiores) del muslo trabajan cuando se empuja el rodillo hacia el cuerpo (ver pp. 76-77).

PRESS DE PIERNAS RECLINADO
Los ejercicios periódicos con esta máquina, le permiten trabajar y fortalecer sus músculos glúteos y del muslo. Aunque el énfasis del ejercicio recae sobre estos músculos, los de la pantorrilla también trabajan (ver pp. 44-45).

PRESS DE PIERNAS Y PESAS
Con sus pies en posición plana, empiece a empujar contra la press de piernas y cree **resistencia** para el movimiento.

PESAS
Antes de iniciar los ejercicios, seleccione las pesas que desee usar y asegúrelas en el **apilador** con la llave de palanca.

ASIENTO
Colóquese plano sobre este banco almohadillado, descanse la cabeza en la almohadilla y agarre los manillares laterales.

BARRAS DE RODILLO
Para trabajar las piernas, empuje contra la press de piernas para que el asiento se deslice hacia delante y hacia atrás.

ALMOHADI-LLAS PARA BRAZOS •

Agarre las almohadillas desde fuera, de modo que los antebrazos queden apretados en toda la longitud de las mismas. Apretando con fuerza, mueva las almohadillas hacia dentro.

• SISTEMA DE POLEA

La presión que se aplica sobre las almohadillas, se transfiere por los cables de la **polea** para elevar las pesas. La aplicación de la presión debe ser gradual, para mantener suave el movimiento.

MÁQUINA BUTTERFLY

El movimiento de esta máquina se parece a la apertura y al cierre de las alas de una mariposa. Las manos agarran la parte superior de las almohadillas, y los antebrazos presionan los laterales. Entonces empuje las almohadillas hacia dentro y hacia fuera. Trabajan todos los músculos de los brazos y del pecho.

• ASIENTO AJUSTABLE

La altura del asiento es ajustable hacia arriba y hacia abajo, según se necesite.

• PLATAFORMA

Permite apoyar los pies, de modo que la acción de la butterfly se limita a brazos y pecho.

RESPALDO •

Es necesario un respaldo alto para un soporte fuerte.

BANCO DE EXTEN-SIÓN DE ESPALDA

En la gimnasia con pesas es difícil aislar con seguridad los músculos de la espalda. Este banco de **extensión** permite que el cuerpo se incline hacia delante y vuelva a enderezarse para trabajar realmente esos músculos.

• SOPORTE ALMOHADILLADO

Para evitar incomodidad en los **abdominales** durante el ejercicio, el soporte está almohadillado.

ARMAZÓN •

El armazón ayuda a mantener firmes los pies.

GYM 80

MÁQUINAS AERÓBICAS

Equipo para una actividad enérgica y prolongada

LA INVESTIGACIÓN MÉDICA HA DEMOSTRADO QUE ejercitando al menos tres veces por semana durante 15 minutos una capacidad **aeróbica**, puede lograrse una mejora positiva de la forma física. Para conseguir que el cuerpo se comporte aeróbicamente, es decir, que el corazón y los pulmones trabajen duro, se acelere la respiración y se estimule la circulación de la sangre, es necesario un ejercicio enérgico. Pedalear, remar y correr son todas ellas actividades aeróbicas ideales, que ahora pueden realizarse en el gimnasio, o en casa, antes de empezar los principales ejercicios gimnásticos con pesas.

CONTROLES •
Antes de empezar a pedalear, debe establecer el tiempo, el **programa** y el nivel de **resistencia**.

MANILLARES •
Agarre los manillares acolchados de la bicicleta, para obtener apoyo mientras pedalea.

TECLAS DE PUESTA EN MARCHA •
Fije su tiempo de pedaleo antes de empezar.

PEDALES •
Introduzca los pies en los calapiés de los pedales antes de empezar.

BICICLETAS DE GIMNASIO
Estos sólidos aparatos, ayudan a mejorar la puesta a punto general **cardiovascular**, con el beneficio añadido de trabajar los músculos de las piernas. Pueden seleccionarse diferentes **programas**, y escoger un nivel de **resistencia** para hacer el pedaleo más fácil o más difícil. También puede controlar la distancia recorrida y las calorías quemadas (ver pp. 26-27).

ASIENTO
Ajuste el asiento a una altura cómoda, en relación a la longitud de sus piernas.

SISTEMA DE PEDALEO
Sólo se necesita una sencilla acción de pedaleo.

dynavit

KETTLER
TROPHY

BICICLETAS CASERAS
Aunque menos sofisticadas que las de gimnasio, son fáciles de usar y suelen tener más controles básicos. Generalmente puede regular su velocidad, tiempo y distancia.

MÁQUINA DE ESCALERA

La acción de esta máquina imita el movimiento de subir peldaños, pero es un equivalente de **bajo-impacto** que trabaja con aire comprimido, y no causa **lesiones por esfuerzo**. El movimiento de subida y bajada de las piernas es un buen ejercicio **aeróbico**, y fortalece los músculos **cuádriceps** y los **gemelos** de las piernas. Es un buen ejercicio para deportes activos como el esquí (ver p. 80).

BARRA DE AGARRE •

Debe agarrarse la barra con ambas manos para obtener un apoyo seguro durante la acción de subida por escalera.

BASE •

La base está construida sólidamente para evitar cualquier movimiento innecesario cuando se usa la máquina.

• POLEA

Un sencillo sistema de **polea** con cable proporciona la **resistencia** de palada en muchas máquinas de remo.

PANTALLA DE CONTROL

Normalmente en estas máquinas pueden establecerse controles para diferentes tiempos, niveles de trabajo, o «ritmo de pasos», y **programas** fuertes, para montañismo, por ejemplo. A menudo muestran las calorías quemadas, y algunas, más refinadas, pueden leer las pulsaciones.

• LA ESTRUCTURA

Dentro del cuerpo principal de la máquina está el sistema informático, que calcula los resultados de las diversas funciones realizadas.

• ESTRIBOS

Coloque los pies sobre los estribos y empuje entonces arriba y abajo para crear el necesario movimiento de piernas. Para ejercicio **aeróbico** sencillo, fije la **resistencia** a nivel bajo; para resistencia muscular, es necesario situarla más alta y es un trabajo más duro.

MÁQUINAS DE REMO

Proporcionan un intenso ejercicio **aeróbico** a todo el cuerpo. Muchas personas prefieren remar en vez de pedalear, porque creen que ello proporciona más beneficios generales para brazos, tronco y piernas. Puede tener una máquina sencilla en casa, o usar una más sofisticada en el gimnasio (ver pp. 52-53).

• AGARRE

El agarre se sujeta firmemente, y se estira con ambas manos al remar.

• PANTALLA

Marque en la pantalla el tiempo de remo, las paladas por minuto y la **resistencia**.

ASIENTO DESLIZANTE

Durante la acción de remo, el asiento se desliza hacia atrás y hacia delante sobre los carriles.

ACCESORIOS

Todo lo que necesita tener, y llevar, al gimnasio

CUANDO EMPIECE POR PRIMERA VEZ LA GIMNASIA CON PESAS en el gimnasio no es necesario impresionar a los demás adquiriendo una amplia selección de artículos y prendas deportivas de diseño especial. Con un presupuesto reducido podrá comprar muchos de los artículos esenciales, en las tiendas especializadas o en los propios gimnasios.

EQUIPO MANUAL

Una bolsa deportiva y un chandal son accesorios útiles desde el primer momento; pueden añadirse, si es necesario, otros accesorios, tales como los guantes protectores.

BOLSA
Una bolsa deportiva grande e impermeable le servirá para transportarlo todo.

GUANTES
Con unos mitones protegerá las manos cuando levante pesas.

ZAPATILLAS DEPORTIVAS
Deben ajustar bien, apoyar los pies y llevar suelas estriadas para una mejor adherencia.

CINTURONES
Las muñequeras y tobilleras pueden ayudar a fortalecer los músculos. El cinturón protege la espalda en los ejercicios con pesas grandes.

CHÁNDALS
Un chándal ayuda a mantener calientes los músculos al principio y al final de una sesión con pe...

EQUIPO DE GIMNASIA

Para practicar la gimnasia con pesas escoger prendas cómodas es más importante que comprarlas a la última moda, pues hay involucradas muchas acciones de estiramiento y flexión. Las fibras naturales como el algodón, o los populares tejidos de algodón elástico, son las mejores, ya que permiten la transpiración. Los pantalones de chándal, los shorts con cintura elástica, y los leotardos, permiten la máxima libertad de movimientos.

PRENDAS AJUSTABLES •
La mayoría de mujeres encuentran cómodos los leotardos de una pieza, pero las camisetas largas sin mangas y los shorts se adaptan igual de bien.

PIERNAS •
Los calentadores elásticos se ajustan cómodamente y son ideales para llevar con leotardos, sobre todo durante los meses de invierno.

ZAPATILLAS •
Existe una amplia gama de zapatillas de gimnasia en diversos estilos adecuados para cada mujer.

CAMISETAS
La mayoría de hombres prefieren las camisetas de algodón, sin mangas, o los polos, pues no impiden que el cuerpo sude durante los ejercicios de **calentamiento** y de gimnasia con pesas.

CALCETINES
Los de algodón acolchado o de algodón/lana absorben la transpiración y ayudan a evitar ampollas.

SHORTS •
Los shorts con tejido elástico, muy cortos, o los elásticos más largos de ciclista, son ideales para los ejercicios gimnásticos.

CURSILLO DE FIN DE SEMANA

Comprensión del cursillo en una ojeada

EL CURSILLO CONSTA DE DIEZ TÉCNICAS, repartidas en dos días de práctica. Empieza por ejercicios de **calentamiento** (pp. 26-35), y sigue con ejercicios con pesas para brazos (pp. 36-39), tronco (pp. 40-43), y piernas (pp 44-47). La última técnica del Día 1 se dedica a **Enfriamiento** (pp. 48-51). La segunda jornada la iniciará en ejercicios con pesas más avanzados, sobre la base de lo realizado el Día 1. No se preocupe si le lleva más tiempo, progresará con la práctica.

Giro de tronco

Elevación con mancuerna

DÍA 1		Minutos	Página
TÉCNICA 1	Calentamiento	30	26-35
TÉCNICA 2	Brazos	15	36-39
TÉCNICA 3	Tronco	15	40-43
TÉCNICA 4	Piernas	15	44-47
TÉCNICA 5	Enfriamiento	15	48-51

Extensión y flexión

Press de piernas

CLAVE DE LOS SÍMBOLOS

RELOJES
En la primera página de cada nueva técnica aparece un pequeño reloj. La zona azul indica el tiempo previsible para esa técnica, y cómo encaja en su plan diario. Por ejemplo, observe el reloj de la p. 36. El sector azul indica que deben dedicarse 15 minutos a la técnica 2: Brazos, y el sector gris señala que la técnica anterior ocupó 30 minutos. Pero sea flexible y haga pruebas; use los relojes sólo como orientación y siga el ritmo natural de su propio cuerpo.

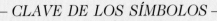

MINISECUENCIAS
La serie de siluetas al lado de cada técnica ejecutada muestra el número de fases que comprende. Las siluetas azules corresponden a las fases ilustradas fotográficamente.

NIVEL DE DIFICULTAD•••••
Las técnicas están clasificadas de acuerdo con su grado de dificultad. Un punto (•) indica que es bastante sencilla, mientras que las de máxima dificultad se señalan con cinco puntos (•••••).

Flexión de brazos

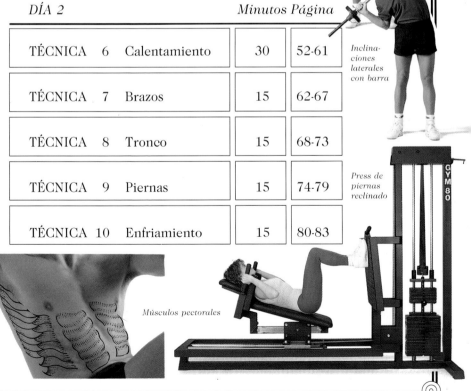

DÍA 2

			Minutos	Página	
TÉCNICA	6	Calentamiento	30	52-61	*Inclinaciones laterales con barra*
TÉCNICA	7	Brazos	15	62-67	
TÉCNICA	8	Tronco	15	68-73	
TÉCNICA	9	Piernas	15	74-79	*Press de piernas reclinado*
TÉCNICA	10	Enfriamiento	15	80-83	

Músculos pectorales

TÉCNICA

DÍA 1

1

CALENTAMIENTO

Definición: *Preparación del corazón
y los pulmones para el ejercicio*

ANTES DE INICIAR UNA SESIÓN DE GIMNASIA CON PESAS, es importante lograr que el corazón y los pulmones trabajen a su nivel óptimo aeróbicamente, y calentar bien el cuerpo para no forzar los músculos. Al principio conserve puesto su chándal, y realice alguno de los ejercicios de calentamiento de las páginas que siguen para estirar los músculos, antes de pasar a la bicicleta o a otra máquina aeróbica.

OBJETIVO: Conseguir el máximo beneficio de la gimnasia con pesas.

HOMBROS
Los hombros están algo caídos, como en el ciclismo normal.

CONTROLES
Recuerde fijar velocidad, tiempo y distancia.

POTENCIA DE PEDALEO
Cuanto más fuerte pedalee, más beneficio sentirá en las piernas.

BICICLETAS ESTÁTICAS

Pedalear sobre bicicletas estáticas es un buen ejercicio **aeróbico.** *Nivel de dificultad* ••

BICICLETAS CASERAS

Muy adecuadas para uso casero. Se adaptan fácilmente a un ejercicio diario de 15-20 minutos.

—— *PULSACIONES* ——

SU CONTROL
Para controlar si su corazón y sus pulmones trabajan eficientemente durante el ejercicio **aeróbico,** puede tomarse el pulso con el dedo índice, apretando ligeramente sobre el interior de la muñeca o a un lado del cuello. Cuente los latidos en diez segundos (el primer latido 0) y multiplique por seis.

Zona objetivo (cuando el ejercicio llega al punto óptimo de pulsaciones)

Edad	Pul. ideales
20-25	140-170
30-35	132-165
40-45	124-155
50-55	115-145
60-65	107-135

BICICLETAS DE GIMNASIO

Las bicicletas de gimnasio suelen ser más sofisticadas que las caseras. Se pueden seleccionar diferentes **programas** de ejercicio y fijar un nivel de **resistencia**. Al final del tiempo de pedaleo, normalmente puede comprobar cuantas calorías ha quemado. Algunas bicicletas tienen manillares que ayudan a ejercitar los brazos.

CONCENTRACIÓN •
Vigile los controles para comprobar que mantiene el nivel correcto de trabajo.

AGARRE FIRME •
Mantenga un agarre fuerte y firme sobre los manillares de la bicicleta para lograr el apoyo correcto mientras pedalea, rápido y fuerte, durante el número de minutos que haya marcado en la pantalla.

PANEL DE CONTROL •
Al escojer un **programa**, piense que, algunos son más difíciles que otros. Pruébelos hasta encontrar el adecuado.

• FUERZA EN LAS PIERNAS
El movimiento ciclista es un ejercicio particularmente bueno para fortalecer y tonificar los músculos de las piernas, sobre todo de los muslos y la pantorrilla.

PEDALES •
Si fija un nivel alto de **resistencia**, comprobará que tiene que pedalear mucho más fuerte y rápido para mantener la velocidad correcta.

• ESTRUCTURA
Las bicicletas usadas en los gimnasios están fabricadas para hacer frente a un trabajo continuo. Ajuste la altura del asiento y los calapiés de los pedales antes de empezar.

TÉCNICA

1

SALTOS DE ESQUÍ

*Ejercicios **aeróbicos de calentamiento**, que trabajan todo el cuerpo y ayudan a aumentar las pulsaciones hasta su óptimo índice de trabajo. Nivel de dificultad ••*

BRAZOS •

Coloque los brazos rectos por encima de la cabeza, cerca de las orejas, con las manos ligeramente cerradas. Mantenga fija la mirada al frente.

———— Fases 1 y 2 ————

EXTENSIÓN Y FLEXIÓN

El salto de esquí consigue que el corazón trabaje más deprisa y aumente el **pulso**. Sitúese de pie erguido, con los pies separados. Estire los brazos hacia arriba, flexione luego las rodillas y lance los brazos hacia delante como si fuera el inicio de un salto de esquí.

• EXTENSIÓN

La posición más cómoda antes de lanzar los brazos hacia atrás es con sus puños cerrados mirando hacia dentro, y los codos algo flexionados hacia fuera.

• TRONCO

Mientras sus brazos bajan, su tronco sigue erguido, pues la mayor parte de la flexión se realiza con rodillas y caderas.

PIERNAS •

Las piernas están rectas y firmes, pero no permanecen **cerradas** en esta posición inicial. No se tensan hasta que los brazos inician el movimiento hacia delante.

• EQUILIBRIO

Sus rodillas deben estar totalmente flexionadas; facilitará con ello la ejecución del ejercicio y dará a su cuerpo el fuerte apoyo que necesita. El buen equilibrio es esencial en este movimiento.

PIES •

Sus pies permanecen fijos sobre el mismo lugar durante todo el ejercicio, aunque puede cargar el peso sobre las puntas en el impulso final.

Fases 3 y 5

CONTINUIDAD

Mantenga su impulso balanceando los brazos detrás de usted, manteniéndolos cerca del cuerpo, y extiéndase hacia delante, flexionando cada vez más. Haga sólo una breve pausa antes de llevar de nuevo sus brazos adelante y arriba, estirando el cuerpo con tanta energía como le sea posible. Mantenga un ritmo sostenido de flexión-extensión. Ensáyelo y recuerde que los ejercicios de **calentamiento** están destinados a estirar los músculos y a iniciarle suavemente en su **programa** de gimnasia diaria. Repita el ejercicio 3 veces.

EXTENSIÓN COMPLETA •
Una vez sus brazos lleguen a esta altura máxima, inicie la repetición del movimiento llevándolos inmediatamente otra vez hacia abajo.

MIRADA AL FRENTE •
Durante las diferentes fases del movimiento, debe mantener erguida la cabeza, con la mirada fija al frente.

HOMBROS •
En esta fase del movimiento sus hombros dirigen el esfuerzo de los brazos hacia arriba.

BRACEO FLEXIBLE •
El balanceo de sus brazos puede llegar más atrás de lo aquí indicado; depende de su flexibilidad.

• **APOYO DE MUSLOS**
Los músculos **cuádriceps** juegan un importante papel impulsando al cuerpo en muchos movimientos y en no pocos deportes, como el esquí o las carreras de velocidad.

APOYO DE PIES •
La fuerza del impulso hacia arriba en esta fase puede hacer que se eleve sobre la punta de los pies. No mantenga esta posición mucho tiempo.

ROTACIÓN DE BRAZOS

*Tantos los brazos como los hombros se relajan
y se vuelven mucho más flexibles con este tipo
de ejercicio. Nivel de dificultad •••*

──────── Fases 1 y 3 ────────

ELEVACIÓN Y EXTENSIÓN

Para calentar los brazos, sitúese de pie con
los hombros firmemente hacia atrás. Coloque los brazos sobre las piernas y luego
separe ligeramente los pies. Eleve sus brazos por delante
manteniéndolos paralelos a los pies, y luego extiéndalos
rectos por encima de la cabeza, elevándose
de puntillas.

• EXTENSIÓN
Extienda los brazos
tan alto como sea
posible, mantenién-
dolos cerca de la
cabeza.

• CONCENTRACIÓN
Antes de empezar,
concéntrese para
respirar lenta y sua-
vemente.

• EQUILIBRIO •
Enderece y tense
lentamente los
brazos, y luego ex-
tiéndalos comple-
tamente, mante-
niendo cerrados
los puños.

• MANOS
Relaje el
cuerpo y
deje que las
manos se
apoyen
blandamen-
te sobre sus
muslos.

POSICIÓN •
La separación de los pies
debe equivaler a la anchura
de los hombros.

ROTACIÓN DEL TRONCO

GIROS

Es una variante del ejercicio, adecuada para trabajar el pecho y el estómago del hombre. Empiece con los pies separados, inclinado hacia delante y con las manos al frente tocándose (A), los brazos extendidos.

Gire sus brazos hacia un lado (B) y hacia arriba (C), con las manos lejos del cuerpo. Bájelos de nuevo, antes de reanudar el ejercicio en sentido opuesto (D). Repita 4 veces.

Mantenga la mirada sobre sus manos

Estírese lateralmente manteniendo el equilibrio

Inclínese hacia atrás todo lo posible desde la cintura (C), antes de volver a la posición inicial y girar en el otro sentido (D)

A B C D

BRAZOS
Extienda sus brazos hacia atrás y hacia abajo todo lo posible.

Fase 4

BRAZOS EN CRUZ

Extienda los brazos en cruz, y luego bájelos a los costados para completar el ejercicio. Debe desarrollar esta acción de molino de viento rítmicamente y sin parar. El objetivo es llevar los brazos arriba y atrás, estirando todas las partes del cuerpo. Si al principio nota los hombros rígidos, no se desanime, pronto adquirirán flexibilidad. Repita 4 veces el ejercicio.

PIES
A medida que los brazos bajan, el peso del cuerpo se transfiere a los metatarsos de los pies.

ESFUERZO
Es posible que estos estiramientos le causen algo de dolor en las costillas los próximos días, ya que abre la caja torácica mucho más de lo habitual. Eso no es perjudicial, cuando entrene regularmente el dolor desaparecerá por completo.

PIERNAS
No olvide empujar hacia arriba con las piernas en las elevaciones y los giros. Si limita el ejercicio a la rotación de brazos, no aprovecha los beneficios del ejercicio para todo el cuerpo.

TÉCNICA

1 FLEXIONES DE BRAZOS

DÍA 1

Las flexiones de brazos son muy provechosas para brazos y hombros, siempre que se hagan bien, y también trabajan el estómago, la espalda y las piernas. Nivel de dificultad ••••

―――――――― Fases 1 y 2 ――――――――

POSICIÓN FIRME Y DESCENSO

Sobre una colchoneta, colóquese boca abajo, y soporte el peso del cuerpo con las manos planas en el suelo y los brazos estirados. Mantenga el cuerpo tenso y en línea recta, apoyando los metatarsos de los pies en el suelo. Baje lentamente el cuerpo flexionando sólo los brazos, hasta tocar el suelo con el pecho. Concéntrese y respire pausadamente por la boca todo el tiempo, luego empuje con fuerza con los brazos otra vez y espire enérgicamente. Repita el ejercicio 4 veces.

ESPALDA •
Asegúrese de mantener recta la espalda durante la **flexión de brazos**; procure no arquearla ni combarla en el medio.

• PIERNAS
Mantenga las piernas juntas por las rodillas durante todo el ejercicio.

• PIES
Junte los pies, apoyando los metatarsos en el suelo, y manténgalos en el mismo lugar durante los movimientos.

CONTACTO CON EL SUELO •
Baje el cuerpo despacio hasta tocar el suelo con el pecho, antes de elevarse de nuevo para completar la **flexión de brazos**.

POSICIÓN FIRME •
Mantenga firmes las piernas mientras baja el cuerpo. Trate de resistir la tentación de contraerlas en el aire para ayudar al ejercicio.

FLEXIONES MODIFICADAS

EXTENSIÓN DE BRAZOS

Este ejercicio requiere menos fuerza con los brazos que las **flexiones** normales, y las mujeres, así como los hombres no tan fuertes, pueden encontrarlo más fácil. Para quienes no están habituados al ejercicio, las flexiones modificadas pueden servir de introducción suave, y a partir de ahí progresar a la variedad más intensa. Inspire por la boca mientras baja el pecho hasta el suelo, y espire mientras lo eleva. Repita el ejercicio 4 veces.

CABEZA
Mantenga la cabeza alineada naturalmente con el cuerpo para facilitar la respiración.

La mirada se dirige al frente

POSICIÓN INICIAL
De rodillas con los brazos rectos, las manos planas sobre el suelo y las piernas juntas. Asegúrese de que su espalda esté completamente recta, y mantenga alta la cabeza.

Las piernas forman un ángulo limitado con el cuerpo

BRAZOS Y MANOS
Mantenga los brazos rectos, y coloque las manos planas en el suelo, con los dedos extendidos y apuntando hacia delante.

Los codos están encogidos

BAJAR Y EMPUJAR
Baje el cuerpo, flexionando sólo los brazos hasta que su pecho toque el suelo. Empuje con los brazos hasta situar otra vez al cuerpo en la posición inicial de rodillas.

CODOS
Encoja los codos cerca de sus costados, mientras empuja con fuerza con los brazos para elevar su cuerpo.

RESPIRACIÓN REGULAR
Respire de modo uniforme para lograr un movimiento rítmico, sin necesidad de descansar después de cada fase.

1 LEVANTAMIENTOS MODIFICADOS Y ARRANCADAS
DÍA 1

Tras unos cuantos levantamientos, apreciará el estiramiento corporal de esta acción.
Nivel de dificultad ••••

ESPALDA
Los músculos de la espalda se tensan para ayudar a soportar el esfuerzo de levantar la **barra**.

RODILLAS
Las rodillas están flexionadas y la espalda se mantiene recta.

BRAZOS
Asegúrese de que mantiene los brazos rectos y en tensión antes de iniciar el levantamiento.

AGARRE
Sus manos agarran firmemente la barra a una distancia una de otra por fuera de la separación de los pies.

SUJECIÓN
Cuando la **barra** está bien **levantada** hasta el pecho, debe proyectar los codos hacia fuera.

Fases 1 y 3
AGACHARSE Y LEVANTAR

Empiece con un peso ligero, sólo se necesitan unos 9 kg, para obtener el máximo beneficio de este completo ejercicio físico, que le enseñará muchos de los elementos de seguridad de la gimnasia con pesas. Agáchese con los pies separados, e inclínese hacia delante para agarrar la **barra** con firmeza. Súbala hasta las rodillas, manteniéndolas flexionadas, y los brazos muy tensos. Espere un momento, respire, y luego **levante** hasta el pecho, manteniendo firme la barra a nivel de los hombros.

PIES
Los pies deben permanecer planos sobre el suelo, apuntando adelante para proporcionar un completo apoyo.

NORMAS PARA LA GIMNASIA CON PESAS

La gimnasia con pesas es un deporte completamente seguro, si en su práctica se siguen siempre y de forma estricta ciertas normas de seguridad.

• Antes de levantar la **barra**, compruebe que los **anillos** sujetan firmemente las pesas; si es necesario, apriete más las palancas de atornillamiento.

• La concentración es importante. Cuando levante las pesas del suelo, fije la mirada en un lugar a media altura de la pared, y manténgala así durante la elevación.

• Debe mantener muy recta la espalda durante las acciones de levantamiento; sólo flexionan las rodillas.

• Para el mejor agarre, sujete firmemente la barra, con una anchura de separación entre manos algo mayor que la de sus pies, con las palmas mirando hacia abajo.

• Coloque los pies bajo la barra, con las puntas mirando hacia delante, separados a la misma distancia que los hombros.

• No aguante la respiración al levantar las pesas, y asegúrese de que aspira y espira en las fases específicas del ejercicio.

ESTIRAMIENTO COMPLETO •
Debe agarrar firmemente la **barra**, cerca de las pesas y los **anillos**.

POTENCIA DE BRAZOS
Cuando la **barra** esté completamente extendida sobre su cabeza, sus brazos deben estar totalmente rectos y **tensos**.

———— Fase 4 ————

LEVANTAMIENTO FINAL

Inspire profundamente y **levante** la **barra** sobre su cabeza con una suave **arrancada**. Tenga cuidado al devolver el peso al suelo. Ante todo, bájelo hasta el pecho, flexionando los brazos, pero manteniendo **tensos** tronco y piernas. Flexione las rodillas y la espalda con cuidado, mientras coloca lentamente la barra otra vez en el suelo. Repita 4 veces.

TRONCO
Concéntrese intensamente para mantener firme y recto el tronco, y lograr el máximo apoyo del peso. No se incline hacia atrás ni hacia delante, pues corre el riesgo de perder el equilibrio, y tal vez la **barra**.

SUJECIÓN SEGURA •
Resista la tentación de elevar los talones durante el levantamiento. Los pies deben estar firmemente apoyados, planos sobre el suelo.

PIERNAS
Mantenga las piernas realmente firmes, con ambas rodillas **tensas**. Inicie la flexión de las rodillas sólo cuando empiece a dejar otra vez la **barra** en el suelo.

TÉCNICA

2 BRAZOS

Definición: *Serie de movimientos que implican a la parte superior del cuerpo.*

Ahora que ha efectuado un calentamiento completo, puede ensayar algunos ejercicios suaves de brazos, hombros y pecho, para mejorar los músculos **triceps, deltoides** y **pectorales**.

OBJETIVO: Fortalecer los músculos de brazos y hombros usando **máquinas fijas de pesas** y **pesas libres**.

PRESS DE BANCA

En este ejercicio se levanta una barra que opone resistencia.
Nivel de dificultad ••

——— Fases 1 y 2 ———
AGARRE Y ELEVACIÓN

Tendido sobre la espalda en el banco, mantenga planos los pies en el suelo. Agarre firmemente la barra, inspire hondo y espire mientras empieza a elevarla lentamente.

POLEA
El sistema de **polea** requiere un empuje inicial vigoroso, para superar la inercia.

PESAS
Seleccione un peso ligero para empezar, de modo que su espalda permanezca plana y no se levante del banco.

BRAZOS
Coloque sus brazos cómodamente para que su empuje sea vertical.

PIES PLANOS
Durante todo el ejercicio de brazos, mantenga muy planos los pies, ya en la superficie del banco (como aquí) si no puede ajustarlo para adaptarlo a su altura, o sobre el suelo.

AGARRE
Agarre la barra fuertemente con las palmas mirando hacia sus pies.

PESAS LIBRES

Fije los **discos** de las pesas mientras la **barra** esté sobre el soporte. Tendido sobre el banco, mantenga planos los pies en el suelo. Levante la barra hasta que sus brazos estén rectos, y luego bájela hasta que toque su pecho. Repita 4 veces. Su compañero debe situarse detrás de usted, preparado para recoger el peso en caso necesario.

RITMO CONTROLADO •

La **polea** del **press de banca** permite mover la barra con ritmo controlado. No intente forzar la barra arriba y abajo; esto no significaría trabajar más intensamente.

FASE 3

BAJAR Y BOMBEAR

Empuje la barra hacia arriba hasta que sus brazos queden rectos, haga una breve pausa e inspire rápidamente. Luego baje la barra de modo controlado hasta su posición inferior; no la deje caer súbitamente. Mantenga suaves y fluidos los movimientos de bombeo. Repita 4 veces el ejercicio.

PESAS •

Empiece utilizando unas pesas ligeras, y añada más de forma gradual hasta llegar a una cantidad que pueda elevar fácilmente. En caso de que ajuste la máquina con demasiado peso, su mecanismo impedirá que se lesione. No crea que puede utilizar el mismo peso en un ejercicio con **pesas libres**.

• PIES

Presione con fuerza hacia abajo con los pies, para conseguir mayor agarre y apoyo, mientras mueve la barra arriba y abajo.

• BRAZOS ESTIRADOS

La barra alcanza su posición más elevada cuando sus brazos están completamente extendidos, por encima de su cabeza.

TÉCNICA
2

PRESS MILITAR

*Este ejercicio consta de una serie de movimientos de **elevación** utilizando una **barra** con pesas, que trabaja los músculos de su pecho. Nivel de dificultad •••*

———— Fases 2 y 3 ————

POSICIÓN Y ELEVACIÓN

Inspire y eleve la **barra** hasta los hombros, manténgala en esa posición, mientras espira despacio. Luego elévela por encima de la cabeza, hasta que sus brazos queden rectos; mantenga esta posición unos segundos. Permanezca firme con los pies ligeramente separados.

EXTENSIÓN COMPLETA
Eleve la **barra** por encima de su cabeza, hasta que sus brazos queden rectos. Cuando empiece a notar fatiga, no podrá hacerlo.

AGARRE FIRME
Agarre la **barra** firmemente con ambas manos durante todas las acciones de elevación.

CODOS ENCOGIDOS
Mantenga los codos encogidos, cerca del pecho, y las palmas de las manos mirando hacia arriba.

MÚSCULOS
En esta fase del ejercicio, todos los músculos de sus hombros, brazos y pecho se tonifican y fortalecen.

POSICIÓN TENSA
Mantenga tensas las piernas mientras sujeta la **barra** por encima de la cintura.

PIERNAS
Asegúrese de que tiene las piernas ligeramente separadas mientras las tensa para elevar la **barra**.

PIES
Para un mejor apoyo, separe los pies el ancho de sus hombros, con las puntas mirando adelante.

BRAZOS
Flexione los
brazos por los
codos, en un
ángulo de 90
grados.

Fase 4

BAJAR Y ELEVAR

Baje la **barra** hasta el pecho, y luego elévela otra vez hasta que sus brazos queden rectos. Repita 4 veces. Esta acción se llama de **press**, pues usted empuja la barra hacia arriba y hace presión sobre brazos y pecho. Al final del ejercicio, baje lentamente la barra hasta el suelo.

– TRABAJO MUSCULAR –

Los músculos que más se fortalecen durante el **press militar** son los **deltoides**, los **triceps** y los **pectorales**.

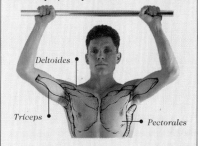

Deltoides

Tríceps

Pectorales

PIES
Mantenga planos los pies sobre el suelo; es demasiado fácil elevarlos durante el movimiento de **press**.

ELEVACIONES CON MANCUERNAS

ELEVACIONES RÍTMICAS

Este ejercicio es una alternativa más suave del **press militar**. Sitúese en posición vertical con los pies ligeramente separados. Con los brazos flexionados, sujete una **mancuerna** ligera con cada mano a la altura del hombro. Eleve la mancuerna de su mano derecha hasta arriba desde los hombros (A).

Luego bájela otra vez a la altura del hombro (B) y repita el movimiento de elevación con su mano izquierda (C). Respire pausadamente a ritmo con la elevación de la mancuerna; inspire cuando suba la mancuerna, y espire cuando la baje. Repita 4 veces el ejercicio.

A

B

C

TÉCNICA

3

TRONCO

DÍA 1

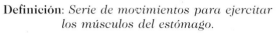

Definición: *Serie de movimientos para ejercitar los músculos del estómago.*

Muchas personas encuentran difíciles los ejercicios **abdominales**, pero son ejercicios de fortalecimiento al alcance de todos. Después de algunas sesiones prácticas, hallará los ejercicios más adecuados a su forma física, y pronto progresará para realizar otros más difíciles.

OBJETIVO: Mejorar la fuerza de los músculos **abdominales**.

ELEVACIONES DE TRONCO

Ejercicios muy eficaces para trabajar los músculos del estómago. Nivel de dificultad •••

—————— Fases 1 y 2 ——————

PREPARACIÓN Y ELEVACIÓN

De espaldas sobre el suelo, preferiblemente sobre una colchoneta, con las piernas flexionadas y los brazos elevados hasta la cabeza. Mantenga las piernas y los pies firmes, levante su cabeza y hombros del suelo y diríjalos hacia las rodillas. Mantenga esta posición durante 4 segundos antes de bajar de nuevo los hombros. Repita 4 veces.

• CABEZA
Eleve su cabeza del suelo, de modo que pueda verse las rodillas.

POSICIÓN
DE LAS PALMAS •
Mantenga las manos despegadas del suelo y elévelas con su cabeza, con las palmas mirando hacia arriba.

— ELEVACIONES CON DESLIZAMIENTO DE MANOS —

ELEVAR Y ESTIRAR

Es una variante del ejercicio usual. De espaldas sobre el suelo, coloque las palmas sobre los muslos (A). Luego, mientras eleva cabeza y hombros, deslice las manos hacia las rodillas hasta que sus dedos toquen su parte superior (B).

Los dedos tocan la parte superior de las rodillas

Piernas firmes y flexionadas

B

Las manos se deslizan por los muslos

A

Los pies deben permanecer planos sobre el suelo

• ESTÓMAGO

Cuando adopte esta posición notará mucha tensión en los músculos del estómago; esto ayuda a fortalecerlos, y le beneficia de verdad.

• PIERNAS Y PIES

Mantenga las piernas flexionadas y los pies planos sobre el suelo durante todo el movimiento. Concéntrese en mantener los pies en esta posición, para que la **elevación** cree la máxima presión en la zona de los músculos **abdominales**.

• PIES

Coloque los pies planos en el suelo, ligeramente separados. Para empezar, quizá le sea más fácil si un compañero se los sujeta firmemente en la posición adecuada.

• EJERCICIO RÍTMICO

Para que este ejercicio produzca el máximo efecto sobre sus **abdominales**, el ritmo debe ser sostenido: eleve cabeza y hombros, cuente hasta 4, y luego baje de nuevo lentamente el cuerpo.

TÉCNICA
3 GIROS DE TRONCO

*El movimiento de los brazos hacia delante, y el giro del tronco,
ayudan a fortalecer los músculos del estómago. Nivel de dificultad* •••

——————— Fases 1 y 2 ———————
ELEVACIÓN Y FLEXIÓN DE LA ESPALDA

Si es posible, pida a un compañero que le sujete los pies. Al principio haga el ejercicio sin pesas, hasta que adquiera más experiencia. Tumbado de espaldas sobre una colchoneta, con las manos detrás de la cabeza, eleve el cuerpo y gírelo tratando de tocar su rodilla izquierda con su codo derecho.

— MÚS. ABDOMINALES —

Además de los músculos verticales (**rectos abdominales**), en un **giro de tronco** también entran en juego los **oblicuos externos abdominales**. También trabajan los músculos inguinales y los de la pierna.

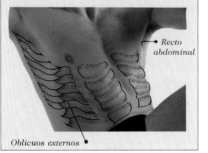

*Recto
abdominal*

Oblicuos externos

CODOS •
Cuando efectúe la acción de giro, apunte sus codos hacia fuera para impulsar su torsión y ayudar a aumentar la fuerza del pronunciado movimiento lateral.

• CABEZA
Debe unir las manos (con la pesa o sin ella) detrás de la cabeza. Llévela hacia delante con un movimiento de elevación y gire lateralmente para tocar su rodilla con el codo.

ESPALDA •
Flexione la espalda a medida que se eleve; si no, el esfuerzo recaería básicamente sobre los músculos inguinales.

PIERNAS •
Al doblar las rodillas y tratar de no levantar los pies, también trabajan sus piernas.

BRAZOS Y HOMBROS

Aunque es un ejercicio predominantemente **abdominal**, la tensión que se crea en los brazos y hombros ayuda a fortalecerlos.

POTENCIA DE PIERNAS

El esfuerzo más fuerte que realizan las piernas tiene lugar en el movimiento de elevación, en el cual contribuyen a apoyar la acción de todo el cuerpo.

GIRO DE ESPALDA

El **gran dorsal** trabaja mucho en los movimientos de elevación del **giro de tronco**. Mantenga las rodillas razonablemente juntas para evitar esfuerzos excesivos en la ingle.

ESTÓMAGO FIRME

Conseguir fortalecer el tronco y el estómago es muy importante, ya que ésta es una zona principal que puede volverse floja fácilmente.

PIES

Es más fácil realizar este ejercicio si **ancla** firmemente los pies debajo de un objeto pesado. Intente elevarse sin haber fijado la punta de sus pies ¡y comprobará que es mucho más difícil!

Fases 3 y 4

GIRO Y TOQUE

Complete la acción llegando con su codo derecho tan cerca de la rodilla izquierda como pueda. Túmbese de nuevo de espaldas y vuelva a elevarse girando hacia el lado opuesto, o sea yendo a tocar la rodilla derecha con el codo izquierdo. Una vez note que domina un movimiento muy rítmico, pruebe a efectuar el ejercicio con una pesa ligera para hacerlo más difícil. En todos los ejercicios de estómago fíjese bien en espirar al subir, e inspirar al bajar. Repita 4 veces el ejercicio.

TÉCNICA

4

Piernas

DÍA 1

Definición: *Serie de movimientos para ejercitar los músculos de las piernas.*

Los ejercicios para fortalecer sus piernas deben seleccionarse con mucho cuidado para asegurar la consecución de los efectos deseados. Los movimientos específicos que se exponen en esta técnica utilizan tanto las máquinas de gimnasio como las **pesas libres**.

OBJETIVO: Mejorar la fuerza de los músculos del muslo y de la pantorrilla.

Press de piernas reclinado

Esta máquina está especialmente diseñada para dar forma y tono a los músculos de las piernas, particularmente los muslos. Nivel de dificultad •••

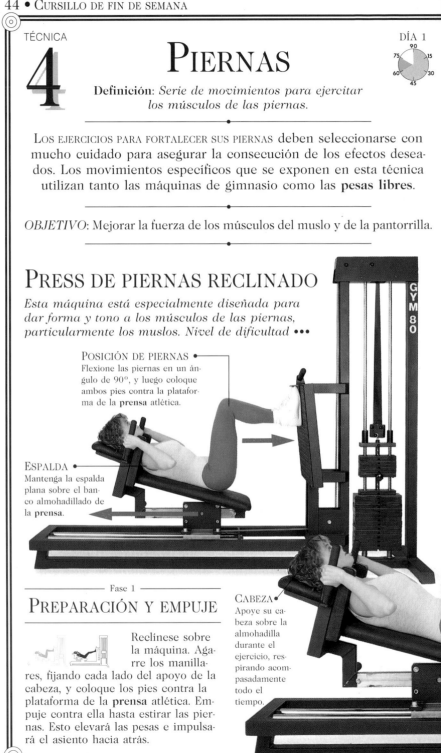

POSICIÓN DE PIERNAS •
Flexione las piernas en un ángulo de 90°, y luego coloque ambos pies contra la plataforma de la **prensa** atlética.

ESPALDA •
Mantenga la espalda plana sobre el banco almohadillado de la **prensa**.

——— Fase 1 ———

Preparación y empuje

Reclínese sobre la máquina. Agarre los manillares, fijando cada lado del apoyo de la cabeza, y coloque los pies contra la plataforma de la **prensa** atlética. Empuje contra ella hasta estirar las piernas. Esto elevará las pesas e impulsará el asiento hacia atrás.

CABEZA •
Apoye su cabeza sobre la almohadilla durante el ejercicio, respirando acompasadamente todo el tiempo.

MÁQUINA TOTAL DE GEMELOS

ESTIRAR Y EMPUJAR

A menudo se descuidan los músculos gemelos de la pantorrilla. Una manera de asegurar su puesta a punto es practicar este ejercicio. Siéntese en la máquina con la espalda recta y las piernas estiradas. Agarre las abrazaderas mientras empuja con los pies la plataforma posterior de la máquina. Aunque su cuerpo se tense con el esfuerzo, los músculos gemelos son los que más trabajan.

Fase 2

FLEXIÓN Y EXTENSIÓN

Flexione de nuevo lentamente las piernas. Esto hará que el asiento de la máquina se deslice hacia delante y que las pesas desciendan. Entonces estire las piernas otra vez, y repita 4 veces el movimiento.

PIES
Aunque el esfuerzo se realiza con los pies, también se fortalecen los músculos del muslo.

• PIERNAS
Mantenga las piernas algo separadas, y los pies paralelos. Empuje hasta que las piernas queden rectas antes de volver a la posición inicial.

• POLEA
Esta máquina de piernas funciona por medio del sistema de **polea**, lo cual le permite subir y bajar las pesas, aun cuando sus pies se muevan sólo una corta distancia.

• NÚMERO DE PESAS
Seleccione el número de pesas que desee levantar, y fíjelas en su lugar con la llave de clavija. Al principio es mejor empezar con un número pequeño, y añadir poco a poco hasta alcanzar un nivel idóneo.

• PESAS DE RESERVA
A medida que progrese en este ejercicio y los músculos de sus piernas se vuelvan más fuertes, añada más pesas de este **apilador**.

TÉCNICA
4

MEDIA SENTADILLA

*La **media sentadilla** ayuda a mejorar las caderas y los muslos. Nivel de dificultad ••••*

——— Fases 1 y 2 ———

AGARRE Y FLEXIÓN

La **media sentadilla** es un ejercicio tan bueno para hombres como para mujeres. Debe realizarse con cuidado, y por tanto es útil tener alguien que le ayude. Con su ayuda, coloque la **barra** con un peso ligero sobre los hombros. Para proporcionar más apoyo a los pies, ponga unos **discos** de pesas debajo de sus talones. Mantenga recta la espalda y erguida la cabeza, agarre firmemente la barra sobre sus hombros y flexione las rodillas antes de subir a la posición inicial. Repita 4 veces el ejercicio.

POSICIÓN ELEVADA •
Para evitar posibles lesiones en sus tendones de **Aquiles**, eleve los talones, colocando debajo **discos** de pesas, o pequeños bloques de madera. Separe los pies al ancho de sus hombros.

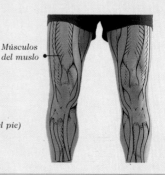

RODILLAS •
Flexione las rodillas, mientras empuja hacia delante con sus muslos y se equilibra sobre la punta de los pies.

——— *MÚSCULOS DE LAS PIERNAS* ———

La fuerte acción de flexión de las rodillas en la **media sentadilla** ayuda a trabajar los músculos de las piernas y a aumentar su flexibilidad. Se hace hincapié en el desarrollo de los músculos **flexores** y **extensores** de la pantorrilla, de la rodilla y del muslo.

Músculos flexores de la rodilla •

Músculos de la pantorrilla •

Músculos del muslo •

• *Extensores (para la acción del pie)*

ELEVACIÓN SOBRE LOS HOMBROS
Una vez haya elevado la **barra** sobre los hombros, manténgala horizontal y en su lugar detrás de la nuca.

PIERNAS
Con la **barra** sobre los hombros, notará el aumento de tensión en los muslos.

IDEAS ÚTILES

MANEJO DE PESAS LIBRES
Las elevaciones con **barra** requieren más técnica que los ejercicios en **máquinas fijas de pesas**, por lo cual vale la pena seguir algunas sugerencias antes de intentar la **media sentadilla**.
• Use un cinturón de pesas (ver p. 22) para proteger los músculos de la parte baja de la espalda.
• Tenga un apoyo elevado para los talones durante el ejercicio.
• Mantenga siempre la punta de los pies y las rodillas en dirección al frente.

MIRADA AL FRENTE
Mantenga la cabeza erguida, y fije su mirada a media altura de la pared opuesta.

AGARRE
Agarre con firmeza la **barra** cerca de los **anillos**, equilibrándola uniformemente sobre los hombros, mientras se agacha para efectuar la **media sentadilla**.

MUSLOS
La tensión de sujetar la **barra** puede hacer que sus muslos empiecen a temblar. Concéntrese en mantenerlos cuanto antes encima de los pies, y no deje que se separen.

PANTORRILLAS
Aunque tenga los talones elevados para apoyarse mejor, aún notará presión sobre los músculos de la pantorrilla.

BRAZOS Y HOMBROS
Aunque ante todo es un ejercicio de piernas, sus brazos y hombros también se fortalecen al recibir la **barra**, agarrarla y descargarla después sobre el **soporte**.

POSICIÓN DE LA ESPALDA
Mantenga la espalda tan recta como pueda. Concéntrese en el movimiento descendente al flexionar sus rodillas, y no arquee la espalda ni se incline de lado.

PIES
El fuerte movimiento de elevación empieza en los pies, pero sin levantarlos del suelo ni de las pesas.

TÉCNICA

5

ENFRIAMIENTO

Definición: *Ejercicios realizados después de una sesión de gimnasia con pesas.*

INMEDIATAMENTE DESPUÉS DE HABER COMPLETADO SU sesión de gimnasia con pesas, debe ponerse el chándal para evitar que se enfríen los músculos. Entonces puede iniciar ejercicios suaves para ayudar a recuperar su estado normal.

OBJETIVO: Devolver el cuerpo a un estado relajado mientras se eliminan productos de desecho de los músculos.

EXTENSIÓN Y FLEXIÓN

*La acción lenta de la **extensión y flexión** reduce la tensión muscular. Nivel de dificultad* ••

––––––– Fases 1 y 2 –––––––

EXTENSIÓN Y ELEVACIÓN

Inicie el ejercicio tumbado de espaldas sobre una colchoneta, con los brazos extendidos detrás de la cabeza. El resto del cuerpo está relajado y totalmente estirado desde la caja torácica hasta la punta de los pies. Eleve lentamente los brazos y el tronco, notando el fuerte tirón en la parte baja de su espalda, y empiece a levantarse, flexionando las rodillas y tirando firme con los talones hacia los glúteos.

• CABEZA
En este punto, su cabeza va hacia delante para tocar con la barbilla en el pecho, y contra las rodillas.

ESPALDA •
Su espalda recta debe flexionarse hacia delante, siguiendo la dirección de sus manos extendidas.

• BRAZOS
Sus brazos están extendidos detrás de la cabeza, planos en el suelo, con las palmas hacia arriba.

APOYO DE LA CABEZA •
Con la fuerza del movimiento, su cabeza irá impulsada hacia delante entre sus brazos y cerca de las rodillas.

— Fase 3 —
ENCOGERSE Y TENSAR

En esta fase final, es como si adoptase una forma de balón, al sentarse encogido y abrazar sus rodillas.

Manténgase así unos 4 segundos antes de volver a estirarse. Repita 4 veces.

MANOS
Se abrazan las piernas y con cada mano se agarra firmemente la tibia opuesta.

POSTURA ARQUEADA •
Cuando agarra sus tibias en la posición flexionada, su espalda queda totalmente arqueada.

PIERNAS
Mantenga las piernas completamente flexionadas en esta posición, y procure juntarlas bien.

FLEXIONES DE PIERNAS
Cuando flexione las piernas, hágalo lentamente para proporcionar un buen contraste entre tensión y relajación.

PIES •
En la posición inicial, apunte hacia arriba con los dedos de los pies, preparado para la acción de extensión.

• **ESTÓMAGO**
Los músculos del estómago están totalmente estirados.

TÉCNICA

5

RESPIRACIÓN

Cómo controlar su ritmo respiratorio después de una sesión de gimnasia con pesas. Nivel de dificultad •

RESPIRACIÓN PROFUNDA

Tumbado sobre la espalda con las piernas separadas y flexionadas por las rodillas, con las plantas de los pies planas sobre el suelo. Repose los brazos a los costados, de modo que todo su cuerpo esté relajado. Inspire lenta y profundamente por la nariz, llenando sus pulmones; aguante 2 o 3 segundos, y exhale despacio. Repita 4 veces este ejercicio, concentrándose intensamente en cada respiración.

PECHO
A medida que inspira notará que su pecho se eleva al llenarse de aire los pulmones. Al espirar, su pecho baja otra vez, pues sus pulmones expelen el aire. Respire lenta y profundamente y usará todos los músculos de su pecho y zona **abdominal**.

PIERNAS RELAJADAS
Flexione las piernas por las rodillas y mantenga las plantas de los pies sobre el suelo.

BRAZOS
Coloque los brazos a sus costados para ayudarle en el ritmo respiratorio.

ENFRIAMIENTO

BENEFICIOS

Después de una sesión de gimnasia con pesas es aconsejable realizar algunos ejercicios de «enfriamiento» con un chándal puesto antes de salir del gimnasio. Pueden ser beneficiosos por distintas razones:
• Permiten que su respiración se normalice, lentamente.
• Reducen su **índice de pulsaciones**.
• Ayudan a eliminar productos de desecho de sus músculos.
• Ayudan a que su cuerpo se ajuste de un ejercicio agresivo a un estado de reposo.
• Le relajan, reduciendo la tensión física.

EJERCICIOS

Estos son otros ejercicios sencillos de enfriamiento. Pruébelos para introducir cierta variedad en su rutina de ejercicios:

• De pie con las piernas juntas y las manos a sus costados. Salte en el aire y dé una palmada con las manos por encima de su cabeza. Aterrice con los pies separados. Salte de nuevo y dé otra palmada, aterrizando con los pies juntos. Repita 5 veces.

• Tumbado de espaldas, flexione su rodilla izquierda. Agárrela con las manos y tire de ella lentamente hacia su pecho. Extiéndala otra vez. Cambie a su rodilla derecha. Repita 5 veces.

• Derecho, con los pies separados y las manos en las caderas. Flexione las rodillas y toque la punta del pie izquierdo con la mano derecha, y póngase de pie otra vez. Cambie para tocar la punta del pie derecho con la mano izquierda. Repita 5 veces.

JOGGING

Correr lentamente sobre el propio terreno mientras sacude el cuerpo. Nivel de dificultad •

MOVIMIENTO DE CABEZA
Mueva continua y suavemente la cabeza y el cuello arriba y abajo, describiendo círculos mientras corre sobre el propio terreno.

HOMBROS
Sacuda los hombros relajadamente, dejando que sus brazos cuelguen blandos a los costados.

SOBRE EL TERRENO
Durante el jogging, permanezca en el mismo lugar, procurando que sus pies se despeguen poco del suelo.

SACUDIDA DE MANOS
Sacuda manos y muñecas blandamente.

CORRER Y SACUDIR

Corra despacio sobre el propio terreno, sacudiendo todas las partes del cuerpo: mueva la cabeza arriba, abajo y en círculo, encoja los hombros arriba y abajo, agite las muñecas para que cuelguen blandas, y sacuda las piernas. Siga así durante 1 minuto. Este ejercicio de **enfriamiento** relajará sus músculos, y siempre es apropiado, pues alivia toda la tensión acumulada. Repítalo 4 veces.

PIERNAS
Sacuda sus piernas, mientras levanta cada pie del suelo, para relajar todos los músculos de las mismas.

TÉCNICA

6

CALENTAMIENTO

Definición: *Movimientos suaves para calentar los músculos del cuerpo.*

DÍA 2

ESTOS EJERCICIOS DE **CALENTAMIENTO** DIFIEREN de los del Día 1 (ver pp. 26-35) para añadir variedad a su programa de ejercicios. Sin embargo, su función es exactamente la misma —calentar los músculos y prepararlos para una sesión completa de gimnasia con pesas.

OBJETIVO: Permitirle evitar lesiones musculares y obtener el máximo beneficio del ejercicio.

REMO

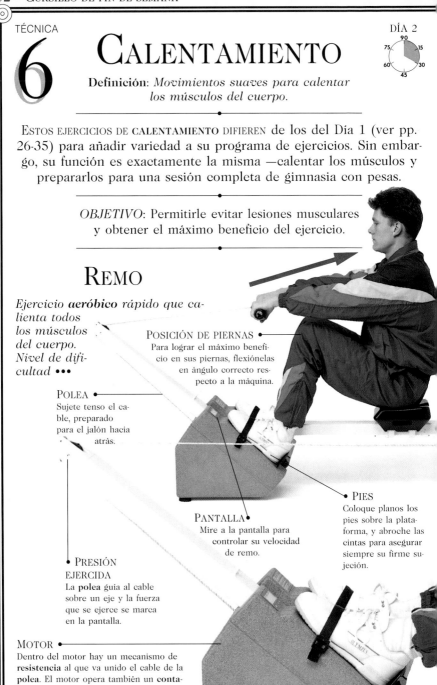

*Ejercicio **aeróbico** rápido que calienta todos los músculos del cuerpo. Nivel de dificultad •••*

POLEA •
Sujete tenso el cable, preparado para el jalón hacia atrás.

POSICIÓN DE PIERNAS •
Para lograr el máximo beneficio en sus piernas, flexiónelas en ángulo correcto respecto a la máquina.

PIES
Coloque planos los pies sobre la plataforma, y abroche las cintas para asegurar siempre su firme sujeción.

PANTALLA •
Mire a la pantalla para controlar su velocidad de remo.

• **PRESIÓN EJERCIDA**
La **polea** guía al cable sobre un eje y la fuerza que se ejerce se marca en la pantalla.

MOTOR •
Dentro del motor hay un mecanismo de **resistencia** al que va unido el cable de la **polea**. El motor opera también un **contador digital**, que puede ver mientras practica; esto le proporciona información sobre la duración, las calorías quemadas y el **ritmo de trabajo**.

CALORÍAS QUEMADAS

El promedio de ingestión diaria de energía de los alimentos para un varón es de 3.500 calorías, y para una mujer 2.500 calorías, de las cuales el 10 % son proteínas, el 40 % grasas y el 50 % hidratos de carbono. Sin embargo, la cantidad de energía que realmente necesita cada día depende de muchos factores, como la altura, el peso y la cantidad de ejercicio que realice. Si ingiere más calorías de las que necesita, el exceso se almacenará como grasa y su peso aumentará. Para quemar las calorías extra se necesita una actividad **aeróbica** enérgica que involucre a todo el cuerpo. El ejercicio en una máquina de remo es excelente para este fin, porque es un movimiento concentrado, que trabaja todos los músculos principales. Practicando en ella a un ritmo de remo medio, un varón quemará 80 calorías, y una mujer 60.

Fases 1 y 3

PREPARACIÓN, JALÓN E IMPULSO

Siéntese erguido en la máquina de remo con las piernas flexionadas por las rodillas y los brazos totalmente extendidos. Abroche las cintas para sujetar los pies, y agarre el manillar con ambas manos. Tire del manillar hacia su pecho al tiempo que impulsa con fuerza sus piernas contra la plataforma de apoyo para empujar al cuerpo atrás y adelante.

• POSICIÓN DE LA CABEZA
Mantenga la cabeza erguida y mire recto hacia delante durante el ejercicio para evitar arquear la espalda.

• ESPALDA
Mantenga la espalda recta para evitar cualquier esfuerzo excesivo.

MANOS •
Agarre el manillar del remo con firmeza, para poder tirar con fuerza hacia atrás, mientras empuja atrás y adelante con las piernas en un esfuerzo combinado.

• ASIENTO DESLIZANTE
El asiento se desliza a lo largo de los carriles mientras rema, permitiéndole obtener la máxima acción de impulso de sus piernas.

ESTIRAMIENTO DE TODO EL CUERPO

Este movimiento de extensión y flexión consigue que su circulación funcione bien al ejercitar la mayoría de los principales grupos musculares. Nivel de dificultad ••

• MIRADA
AL FRENTE
Erguido de pie, mantenga la mirada fija sobre sus manos en la pared.

MANOS •
Sus manos deben tocar la pared, y luego el suelo, en las posiciones de erguido y agachado.

APOYO
DE PARED •
Elija una pared despejada, o una puerta que dé al exterior, para obtener el apoyo necesario al principio del ejercicio.

• PIES
Separe los pies al ancho de los hombros, y recuerde que ha de mantenerlos anclados en el lugar durante el movimiento de estiramiento.

———— Fases 1 y 2 ————

POSICIÓN Y FLEXIÓN

Parta de una posición erguida, a unos 60 cm de una pared o una puerta. Coloque las manos en la pared aproximadamente a la altura de la cabeza, para calcular su distancia. Agáchese lentamente, flexionando las rodillas, y lleve los brazos adelante.

• BALANCEO
DE BRAZOS
Sus brazos bajan hacia el suelo, al mismo tiempo que flexiona las rodillas.

• TENSIÓN EN
EL ESTÓMAGO
La acción de agacharse hará que se tensen los músculos del estómago, pero la presión principal recaerá en brazos y piernas.

• RODILLAS
Las rodillas empiezan a flexionar completamente en la posición de agachado. Sin pausa, flexione rápida y suavemente para tocar el suelo.

MÚSCULOS CALENTADOS

RESULTADOS POSITIVOS
Los beneficios que se obtienen con el calentamiento de los músculos antes de iniciar sus ejercicios de gimnasia con pesas, compensan sobradamente el tiempo dedicado a ello.
• Obtiene más energía disponible, pues se eleva la temperatura de los músculos, y también aumenta su provisión de oxígeno.
• Sus acciones son más potentes porque sus músculos se mueven más rápidamente.
• Los músculos y los movimientos de las articulaciones se vuelven mucho más flexibles.
• Mejora mucho la coordinación muscular.

• *Músculos gemelos*

• *Músculo sóleo*
(debajo de los gemelos)

• *Tendón de Aquiles*

• *Hueso del talón*
(el tendón de Aquiles
va unido a este hueso)

Fases 3 y 4

AGACHARSE Y EMPUJAR

Agáchese totalmente para tocar el suelo, y luego empuje vigorosamente hacia arriba para estirar el cuerpo de nuevo hasta la posición erguida y empezar otra vez. Es necesario ejecutar las acciones rítmicamente, y bastante deprisa, con una respiración uniforme, para que el cuerpo obtenga el máximo beneficio. Repita 4 veces el ejercicio.

CABEZA •
Su cabeza permanece alineada naturalmente al cuerpo durante el ejercicio de estiramiento.

• EXTENSIÓN
Después de tocar el suelo, sus brazos se elevan otra vez al frente.

CONCENTRACIÓN •
Al agacharse, concéntrese antes de elevarse otra vez.

• MUSLOS
La mayor parte de la fuerza que aplica en el estiramiento al elevarse, procede de los músculos de sus piernas. No balancee los brazos rectos ni tense los músculos de su espalda.

• RODILLAS FLEXIONADAS
En este ejercicio puede flexionar sus rodillas en un ángulo menor de 90°, siempre que no sufra problemas de lesiones.

• EQUILIBRIO
Coloque las palmas de las manos en el suelo antes de impulsarse hacia arriba otra vez.

TÉCNICA
6

ESTIRAMIENTO DE VALLA

*Es un ejercicio para mejorar
la flexibilidad de cadera.
Nivel de dificultad* •••••

——— Fases 1 y 2 ———

FLEXIÓN Y EXTENSIÓN

Siéntese en el suelo
con una pierna estirada
por delante de usted, y la otra encogida
por detrás, de modo que toque los glúteos con su talón (o se acerque todo lo
posible). Flexione lentamente la espalda y extienda los brazos adelante hasta
tocar con las manos su pie delantero.
Al mismo tiempo, trate de tocar su
rodilla con la cabeza y extienda su
pecho a lo largo del muslo. Cuente
hasta 4 y vuelva a la posición inicial.
Cambie de piernas y repita. Realice
el ejercicio 4 veces.

CABEZA ALTA
Al principio
del ejercicio,
mantenga la
cabeza alta y
mire recto al
frente.

TRONCO
Mantenga el tronco
erguido y el estóma-
go hacia dentro; si
está envarado quizá
lo encuentre difícil,
pero de todos mo-
dos, ¡inténtelo con
todas sus fuerzas!

POSICIÓN DE PIERNAS
Extienda su pierna hacia atrás todo lo posible. Quizás al principio lo encuentre difícil
pero, a medida que practique, adquirirá más
flexibilidad y podrá doblar su pierna hacia
atrás sin ninguna incomodidad.

ESPALDA FLEXIBLE
A medida que se estire hacia delante, flexione su espalda para
que su pecho toque sus muslos.
Este ejercicio es muy beneficioso para la flexibilidad general,
pues es la única vez que está
permitido arquear la espalda
hacia delante.

PIE POSTERIOR
Lleve su pie hacia atrás todo
lo que pueda; con práctica, deberá llegar a sus glúteos.

BRAZOS

Extienda los brazos al frente, paralelos a su pierna, y apunte con los dedos hacia la punta de los pies. Al hacerlo notará que sus omoplatos giran hacia delante. Baje lentamente el tronco y llegue hasta su pie con las manos, manteniendo tensos los brazos.

- ESTIRAMIENTO -

BENEFICIOS

Los ejercicios generales de **calentamiento** ayudan y preparan al cuerpo para su sesión de gimnasia con pesas, aunque si los **repitiera** más tiempo podrían:

• Aumentar la resistencia
• Ayudar a mejorar la circulación sanguínea
• Ayudar a reducir peso.

Giro de tronco

Salto de esquí

Salto explosivo

Estiramiento de valla

Flexiones de brazos

PIERNA DELANTERA

Extienda su pierna delantera en línea recta delante de su cuerpo, con la punta del pie mirando hacia arriba.

ESTIRAMIENTO COMPLETO

Para lograr el máximo beneficio del estiramiento, agarre su pie si puede con ambas manos.

CABEZA

Baje la cabeza todo lo posible, y manténgala ahí durante unos 4 segundos.

TÉCNICA

6

EXTENSIÓN EXPLOSIVA

*Ejercicio para todo el cuerpo que eleva el **índice de** **pulsaciones** y mejora la coordinación antes del **programa** de gimnasia con pesas. Nivel de dificultad ••••*

Fases 1-2

DERECHO Y AGACHADO

La **extensión explosiva** es un ejercicio rápido y vigoroso de **calentamiento**, que debe ejecutarse de modo continuado. Repítase a sí mismo durante todo el ejercicio y rápidamente: «Abajo, pies atrás, adelente, arriba», para recordar cada fase, y cuanto más deprisa se lo diga, más rápido deberá reaccionar. Asegúrese de que hay bastante espacio detrás de usted para efectuar todos los movimientos. Sitúese derecho, con los pies juntos y mirando al frente. Mantenga los brazos al costado con las palmas descansando sobre los muslos. Flexione vigorosamente hacia el suelo hasta una posición de completo agachado, con las palmas planas sobre el suelo.

CONCENTRACIÓN
Mantenga la mirada fija en la pared opuesta estando derecho. La barbilla ha de estar alta para permitir una respiración rápida por la boca.

BRAZOS
Sus brazos deben estar junto a sus costados tanto al inicio como al final del ejercicio.

RESPIRACIÓN FÁCIL
En la posición agachado, su cabeza sigue mirando hacia adelante para facilitar una respiración rápida.

APOYO DE PIERNAS
Cuando se agache, equilíbrese hacia adelante sobre la punta de los pies, con los talones levantados. Las rodillas dobladas, con los músculos gemelos tocando los **biceps femorales**. No dude en este punto, porque ha de pasar directamente a la siguiente fase.

POSICIÓN FIRME
Los pies permanecen juntos en el mismo lugar durante todo el ejercicio, excepto en la posición de extensión de piernas.

EXTENSIÓN COMPLETA
Sus piernas se extienden hacia atrás.

VARIANTES DE CALENTAMIENTO

UNA RUTINA DIFERENTE

Una vez que realice a la perfección los **calentamientos** detallados, probablemente deseará añadir algunos ejercicios de estiramiento diferentes para no llegar a aburrirse.

• SPLITS

Colóquese derecho, con los pies separados. Dé un gran paso adelante con su pierna derecha, flexionando la rodilla de modo que quede encima del pie derecho. Ponga su mano derecha sobre la rodilla y baje hacia la posición flexionada, de modo que pueda sentir el estiramiento en los músculos de la pierna izquierda extendida. Cambie a la otra pierna. Repita 4 veces.

• ELEVACIONES DE HOMBROS

Sitúese con los pies separados y las manos a sus costados, y eleve los hombros tan alto como pueda. Bájelos lentamente otra vez, flexionando las rodillas al mismo tiempo. Todos los movimientos han de ser muy suaves y fluidos. Repita 4 veces.

Fases 3-4

EXTENSIÓN Y ELEVACIÓN

Desde la posición agachado, lance sus piernas hacia atrás. Queda por un instante en la posición de flexión de brazos en tierra, con la cabeza alineada con el cuerpo, para poder respirar fácilmente. El tronco y las piernas están completamente extendidos, con los brazos perpendiculares debajo de los hombros, apoyando el cuerpo. Después, lance de nuevo las piernas hacia delante hasta quedar agachado, e impulse el cuerpo hacia arriba hasta la posición inicial. Repita 4 veces el ejercicio.

• ESPALDA RECTA
En esta fase, adopte la posición de **flexión de brazos**, su espalda forma una línea recta desde las caderas hasta los tobillos.

EQUILIBRIO •
Sus manos están planas sobre el suelo y sus brazos tensos para aguantar el cuerpo.

POSICIÓN ASCENDENTE •
Al regreso de la posición de **flexión de brazos**, su espalda está arqueada para disminuir la tensión en sus músculos, y los brazos cuelgan flojamente delante del cuerpo. Enderécese despacio y vuelva a la posición inicial con las palmas apoyadas en los muslos.

MOVIMIENTO DE ELEVACIÓN •
Al ponerse derecho otra vez, sus piernas trabajan duro, impulsando al cuerpo hacia arriba antes de agacharse de nuevo.

TÉCNICA

6

MEDIA SENTADILLA

*Ejercicio de calentamiento para los músculos de las piernas y la espalda. Se ejecuta en una máquina **fija de pesas**. Nivel de dificultad •••*

--- Fases 1-2 ---

AGARRE Y FLEXIÓN

Coloque un peso medio, de modo que encuentre resistencia, pero pueda levantar cómodamente la barra. Sitúese derecho de espaldas a la barra y agarre los manillares al nivel del hombro. Mantenga la espalda recta y la cabeza erguida mientras flexiona, lentamente, hasta que sus rodillas queden a 90°. Es un ejercicio fácilmente realizable en una multi-gimnasio casera.

MÁQUINA PARA SENTADILLA •
La máquina utiliza el sistema de **polea** para elevar el peso seleccionado para el ejercicio.

• **POTENCIA DE BRAZOS**
Agarre los manillares, y prepare los brazos para soportar el esfuerzo.

• **APOYO PARA PIERNAS**
Para evitar tensión en los músculos del tendón de **Aquiles**, use una pequeña plataforma de madera para levantar los talones.

• **CADERAS**
Sus caderas están alineadas con hombros y tobillos.

• **MUSLOS**
Los muslos se tensan para resistir el esfuerzo mientras flexiona lentamente las piernas. Mantenga los pies algo separados para evitar cualquier contracción en las rodillas.

Fase 3

ELEVACIÓN

Deténgase 2 segundos en la posición de rodillas flexionadas, luego inspire fuerte y empuje la barra hacia arriba hasta que sus rodillas queden rectas y **tensas**. Ahora obtiene el máximo beneficio, así pues haga una breve pausa antes de descender de nuevo. Repita 4 veces.

● **BRAZOS**
En la posición totalmente flexionada, brazos y hombros soportan la mayor parte de la presión y se tensan fuertemente antes del movimiento de elevación.

● **POLEA**
A medida que su cuerpo se eleva, los pesos seleccionados se levantan con usted; el sistema de **polea** controla el movimiento.

● **POSICIÓN DE LA ESPALDA**
Mantenga recta la espalda, asegurándose de que no arquea los hombros. Sostenga la cabeza erguida para facilitar una buena posición de espalda.

● **PESAS**
Seleccione un peso para el ejercicio. Si no nota bastante **resistencia** al iniciar el movimiento, añada otra pesa —o media.

● **RODILLAS FLEXIONADAS**
En esta fase sus rodillas están flexionadas, pero sólo durante una breve pausa, antes de empujar hacia arriba para volver a la posición inicial.

TÉCNICA

7

BRAZOS

DÍA 2

Definición: *Variedad de ejercicios que trabajan la parte superior del cuerpo*

EJERCITARSE CON **PESAS LIBRES** o con máquinas aumenta la fuerza muscular de brazos y hombros. Aunque los ejercicios en el suelo, tales como las **flexiones de brazos**, ayudan, los ejercicios con **barras, mancuernas** o **máquinas fijas de pesas** aseguran una rápida mejora.

OBJETIVO: Trabajar más los músculos de los brazos y los hombros.

CURL DE BÍCEPS

Movimiento para mejorar los músculos de brazos y hombros.
Nivel de dificultad ••

——— Fases 1-2 ———

AGARRE Y ELEVACIÓN

Levante la **barra** con ambas manos, flexione los brazos hacia arriba, hasta que sus manos toquen su pecho. Manténgase así unos pocos segundos, y luego baje lentamente. Repita 4 veces.

• HOMBROS
En este ejercicio sus hombros soportan todo el esfuerzo; manténgalos muy rígidos durante todo el movimiento.

• BRAZOS
Mantenga los brazos rectos y a sus costados, con la parte interior de los codos apuntando hacia delante.

AGARRE •
Agarre la **barra** con ambas manos **por debajo**, de modo que sus palmas miren hacia arriba. En esta posición, podrá levantar fácilmente la barra con poco riesgo de que se caiga.

• PIERNAS
Flexione lentamente las rodillas para agarrar la **barra**, y luego enderécelas a medida que empiece a levantarla hasta sus muslos.

• PIES
Para una posición equilibrada, mantenga planos en el suelo las plantas y los talones de sus pies durante todo el ejercicio.

CURLS CON MANCUERNAS

A primera vista este ejercicio quizá parezca mucho más fácil que el **curl de bíceps con barra**, pero debido a que cada brazo agarra una **mancuerna** independiente, su brazo más débil no puede fiarse del otro para que le ayude cuando empiece a fatigarse.

ELEVE EL BRAZO DERECHO
En posición de pie, agarre una **mancuerna** con cada mano. Eleve su brazo derecho lentamente, llevando la mancuerna hasta el pecho, mientras apoya el otro sobre el muslo.

BAJAR Y ELEVAR
Baje de nuevo lentamente su brazo derecho, al mismo tiempo que eleva su brazo izquierdo con un movimiento suave y rítmico.

ELEVE EL BRAZO IZQUIERDO
Cuando haya bajado su brazo derecho hasta el muslo, su brazo izquierdo debe estar elevado de modo que la **mancuerna** esté a la altura del pecho.

• BRAZOS ENCOGIDOS
Cuando eleve los brazos para levantar la **barra** hasta el pecho, mantenga los codos encogidos a los costados. Permanezca así unos 4 segundos, y después baje otra vez la barra.

MÚSCULOS DEL BRAZO

El curl de bíceps trabaja los músculos **bíceps** y **braquiales**, pero también fortalece los **deltoides** y otros músculos de los hombros. Este ejercicio no producirá volumen muscular; eso sólo sucedería con ejercicios de **culturismo**.

• TORSO
Aunque es un ejercicio adecuado principalmente para brazos y hombros, su torso también trabaja al mantener una posición realmente erguida, sin inclinarse hacia atrás.

Deltoides •

Bíceps braquial •

Tríceps •

TÉCNICA
7

Máquina butterfly

Aumente la fuerza de los músculos de los brazos, los **pectorales**, *y los superiores de la espalda con estos movimientos de oscilación de brazos. Nivel de dificultad* •••

———— Fases 1-2 ————

Agarre y posición

Fije un peso moderado y ajuste el asiento. Coloque los codos en un ángulo de 90°, con los antebrazos apoyados en las almohadillas. Mantenga la cabeza atrás y los pies firmes sobre la plataforma. Tense, y apriete fuertemente sobre las almohadillas para que se encuentren en el centro.

OSCILACIÓN DE BRAZOS •
Cuando apriete las almohadillas hacia dentro, asegúrese de que la presión procede de sus brazos y hombros, y no sólo de los antebrazos, que tocan las almohadillas. Es un movimiento de **tensión dinámica**.

• FUERZA DE HOMBROS
Cuando empiece a tensar su cuerpo para llevar los antebrazos al frente, notará que la presión afecta a los brazos superiores, los **pectorales**, y también los músculos superiores de la espalda.

• POSICIÓN DE PIES
Al presionar sobre la plataforma con los pies, comprobará que es más fácil empujar.

PROTECCIÓN DE ALMOHADILLAS
Las almohadillas ayudan a reducir cualquier incomodidad al apretar fuerte sobre ellas con sus antebrazos.

— Fase 3 —

OSCILACIÓN

Cuando empuje sobre las almohadillas para juntarlas, tense el cuerpo y efectúe una inspiración profunda, soltando lentamente el aire a medida que se encuentran. Reténgalas por unos instantes en la posición frontal, e inspire mientras lentamente deja que la **polea** de cable contrarreste la presión y vuelva las almohadillas a la posición inicial. Recuerde siempre mantener la cabeza firme hacia atrás, sobre el respaldo, para evitar cualquier accidente. Repita el ejercicio 4 veces con un peso moderado.

TENSIÓN DE BRAZOS
Sus brazos se tensan al máximo cuando las almohadillas se encuentran en el centro, pero se relajan otra vez al regresar a la posición inicial.

MOVIMIENTO SUAVE
Los codos se mantienen en ángulo recto con los brazos superiores para asegurar una acción suave y un flujo sanguíneo ininterrumpido.

7 MÁQUINA DE JALONES EN POLEA

*Movimiento de jalones tras nuca, que ayuda a trabajar
los músculos de los brazos y los dorsales.
Nivel de dificultad •••*

------ Fases 1 y 2 ------
AGARRE Y JALÓN

Seleccione un peso ligero en la parte posterior de la máquina y siéntese cómodamente en el banco. Estírese bien para agarrar la barra por encima de su cabeza, mirando recto al frente, con los pies sobre el suelo. Para empezar, siéntese en posición erguida, tense el cuerpo e inspire hondo. Agarre la barra y efectúe un jalón o estirón hacia su cabeza mientras espira.

MÚSCULOS DE LOS BRAZOS •
Los **bíceps braquiales** se usan principalmente al flexionar los brazos para realizar el jalón de la barra hacia abajo. Los músculos del antebrazo también entran en acción al agarrar la barra con las manos.

PIES •
Apunte los pies hacia delante y manténgalos planos en el suelo. Si usa mucho peso, resista la tendencia a levantar los pies del suelo.

• **SISTEMA DE POLEA**
Mientras estira de la barra hacia abajo los pesos se levantan por el sistema de **polea**. Mantenga los movimientos suaves y controlados para evitar sacudidas de las pesas arriba y abajo.

• **POT. DE BRAZOS**
Mientras sigue aumentando el jalón sus brazos empiezan a flexionarse, forzando los codos hacia fuera, y usted comienza a notar la tensión en su estómago.

Fase 3
JALÓN COMPLETO

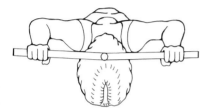 Finalmente, complete el movimiento de jalón tras nuca, flexionando los brazos y llevando los codos hacia fuera. Lentamente afloje la presión sobre la barra. Después del jalón, hay una pausa antes de que los brazos controlen la barra, porque el peso tira de ella hacia arriba. Repita 4 veces.

LEVANTAMIENTO DE PESO •
Cuando hace el jalón de la barra hasta la altura de sus hombros, el **apilador** de pesas se levanta hasta la mitad de la máquina por el sistema de **polea** de cable.

BARRA PARA JALONES •
La barra va unida a un cable móvil, que permite movimientos laterales y verticales durante las fases del ejercicio de brazos.

FORTALECIMIENTO MUSCULAR
A medida que practique el jalón tras nuca con la barra, podrá notar claramente el proceso de fortalecimiento por lo tensos que se ponen al trabajar los músculos de los brazos y los dorsales.

EFECTO MUSCULAR •
Para trabajar los músculos dorsales, se efectúa el jalón con la barra tras nuca. Para trabajar los músculos pectorales se tira de la barra hacia abajo por delante del pecho.

APOYO DE PIERNAS •
Sus piernas deben permanecer inmóviles, aun cuando sienta un tirón hacia arriba por el ejercicio.

TUNTURI

TÉCNICA

8

TRONCO

Definición: *Ejercicios para mejorar los músculos del abdomen y de la espalda baja.*

DÍA 2

AL EJERCITAR EL ÁREA DEL TRONCO de su cuerpo, mire de no forzar los músculos de su espalda. Manténgala recta y flexione las piernas al levantar las pesas, ya que podría desarrollar una espalda curvada.

OBJETIVO: Aumentar la fuerza en el área **abdominal** y de la espalda.

PESO MUERTO

Sencillo ejercicio que aumenta la movilidad de los músculos del muslo, de la cadera y de la espalda baja. Nivel de dificultad ••

———— Fase 2 ————

LEVANTAR Y BAJAR

Levante la barra del soporte o del suelo, y luego llévela lentamente hasta la altura del muslo. Cuente hasta 4 y bájela de nuevo. Recuerde mantener siempre la espalda recta.
Repita 4 veces.

HOMBROS
Y ESPALDA
Mantenga rígidos los hombros y la espalda muy recta, dejando que sus piernas realicen la mayor parte del trabajo duro.

POSICIÓN DE BRAZOS
Mantenga los brazos rectos, mientras sujeta la **barra** con un agarre por debajo o por encima.

POSICIÓN
Sitúese con los pies separados al ancho de los hombros y con la punta hacia delante. Flexione las piernas para recoger la **barra**, y luego estírelas para levantarla. Mantenga los pies fijos durante todo el ejercicio.

ROTACIÓN DE TRONCO

*Giro de la parte superior del cuerpo mientras sujeta una **barra**; fortalece los músculos **abdominales** y de la espalda. Nivel de dificultad* ••

POSICIÓN DE LA BARRA
Apoye la **barra** sobre los hombros y la nuca, y agárrela cerca de los **anillos** para que sus codos queden flexionados. Para aliviar la presión sobre sus hombros, enrolle una toalla alrededor de la barra.

PIERNAS Y PIES
Sitúese con los pies separados y mantenga las piernas rectas, pero no demasiado rígidas en las rodillas. No mueva los pies ni siquiera cuando gire toda la parte superior del cuerpo.

HOMBROS
Mantenga los hombros erguidos, soportando el peso de la **barra** mientras gira el tronco de un costado a otro.

TRONCO
Mantenga rectos el abdomen y la espalda, de modo que a medida que gire marque un ritmo lento y sostenido, sin sacudidas.

— Fases 1-2 —

POSICIÓN Y GIRO

Pida a un compañero que le ayude a levantar la **barra** con pesas sobre sus hombros. Derecho, con las piernas separadas, soportando la barra. Mantenga los pies firmes, gire lentamente la parte superior del cuerpo hasta quedar mirando de lado. Haga una pausa, y gire hacia el lado opuesto. La rotación es sobre todo de caderas, pero también notará una ligera tensión en las rodillas. Repita 4 veces.

TÉCNICA

8

EXTENSIÓN DE ESPALDA

Este ejercicio implica la extensión de su espalda
*para aumentar la flexibilidad de los músculos **grandes***
***dorsales y trapecios**. Nivel de dificultad* ••••

• ESPALDA
Para evitar un esfuerzo excesivo
en la espalda, manténgala recta
todo el tiempo. Alinee la cabeza
con la espalda y no deje
que caiga hacia
delante.

─── Fases 1 y 2 ───

PREPARACIÓN Y ELEVACIÓN

Ajuste la almohadi-
lla y coloque los
pies sobre la base, con los talones contra el reborde trasero
para impedir todo movimiento. Presione el dorso de
las manos contra su
frente, inspire profun-
damente y, con la
espalda rígida, eleve
su cuerpo hasta
la posición
horizontal.

• BRAZOS
Suba los brazos hasta la cabeza y coloque los dorsos
de las manos contra su frente; luego, si se cansa, puede
poner sus manos sobre el suelo.

• PIERNAS
Mantenga las piernas
rígidas y los pies plan-
tados en la base de la
máquina. Sus pies ac-
túan como **elementos**
de fijación, anclando
su cuerpo, y no deben
moverse en ninguna
fase.

ESPALDA HORIZONTAL •
Inspire profundamente, eleve su
cabeza hacia atrás y empuje los
codos atrás para ayudar a elevar
lentamente su cuerpo, hasta que
su espalda esté en esta posición
horizontal. Recuerde mantener
la espalda rígida mientras eleva
el cuerpo, de modo que note
tensión y estiramiento en todos
sus músculos.

MÚSCULOS
DEL
ESTÓMAGO •
Durante el movimien-
to de elevación sus
abdominales se ten-
san, evitando una es-
palda arqueada.

Fase 3

ELEVACIÓN Y DESCENSO

 Continúe elevándose lentamente hasta que su cabeza esté alineada con su cuerpo. Mantenga esta posición durante 4 segundos, y luego espire lentamente mientras desciende poco a poco hasta llegar una vez más a la posición inicial. Repita 4 veces el ejercicio.

— MÚS. DE LA ESPALDA —

Este ejercicio ayuda a fortalecer los principales músculos de la espalda. Practique regularmente, y aumentará su resistencia. Para definir más esos músculos, levante pesas mientras eleva su cuerpo; cuanto más pesadas sean, mayor será la definición muscular.

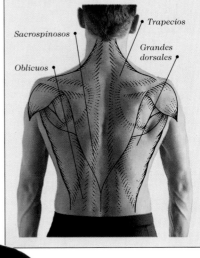

Sacrospínosos

Oblicuos

Trapecios

Grandes dorsales

CABEZA
En la posición más alta del movimiento, cabeza y espalda tienen una alineación natural con el cuerpo. Manténgase así contando hasta 4.

PECHO
Al colocar sus brazos delante de la cabeza y abiertos con respecto al pecho, amplia su caja torácica, lo cual le ayuda a inspirar y espirar profundamente.

ESTÓMAGO
En esta posición sus músculos **abdominales** están totalmente tensados; esto asegura que no caiga demasiado pronto en el movimiento de descenso.

PIERNAS
En esta posición final del ejercicio, los músculos de la parte posterior de sus piernas —los **glúteos**, los **biceps femorales**, y los **gemelos**— se estiran y trabajan muy intensamente.

TÉCNICA 8
FLEXIONES LATERALES CON MANCUERNA

*Este ejercicio de estiramiento implica flexionar de un costado a otro con una **mancuerna** en la mano, para fortalecer los múscu-los del costado, los espinosos y los **abdominales**. Nivel de dificultad ••*

• BRAZO DERECHO
Mantenga el brazo dere-cho arriba y doblado de modo que su mano que-de detrás de la cabeza.

—————— Fases 1 y 2 ——————
FLEXIÓN E INCLINACIÓN

Posición de pie con las piernas separadas. Colo-que la mano derecha detrás de la ca-beza, y agarre una **mancuerna** con pesas con su mano izquierda. Deje que la pesa tire de usted hacia abajo a la izquierda hasta que su costado derecho esté totalmente extendido. Entonces inclínese lentamente a la de-recha, mantenga la posición durante 2 segundos, tirando de la pesa hacia arriba mientras tanto. Inspire cuando le-vante la pesa, y espire cuan-do la baje.

• MANO IZQUIERDA
Sujete la **mancuerna** con la mano iz-quierda, junto a su muslo.

TRONCO •
Mantenga erguido el tronco durante todo el ejercicio. Cuando se incline lateral-mente, tenga cuida-do en no inclinarse hacia atrás o ha-cia delante, pues eso podría perjudicar a sus múscu-los del costado y de la espalda.

• PIES
Los pies han de estar separados a la anchura de los hombros con buen equilibrio para apoyo del cuerpo.

BRAZO IZQUIERDO
Mantenga el brazo izquierdo arriba, de modo que su mano apriete contra la parte posterior de su cabeza. Esto ayudará a evitar que se incline hacia delante, mientras realiza lentamente las flexiones laterales.

— Fases 3 y 4 —

EXTENSIÓN Y FLEXIÓN

Cambie la **mancuerna** de mano e invierta las posiciones de los brazos. Esta vez, flexione totalmente a la derecha hasta que se extiendan los músculos del costado, luego inclínese hacia el lado izquierdo. Vuelva a la posición inicial y repita el ejercicio 4 veces por cada lado. Al ejecutar el movimiento procure que la mancuerna no golpee contra su muslo.

FLEXIONES CON BARRA

EJERCICIOS DE COSTADO Y ESPALDA
Para conseguir el mismo efecto en los músculos del costado y de la espalda, realice flexiones mientras sujeta una **barra** tras nuca. Este ejercicio es bueno tanto para hombres como para mujeres. Es importante apretar los **anillos** de la barra para que los **discos** de pesas estén firmemente sujetos.

De pie, con las piernas separadas y la barra sobre los hombros

Inclínese a la derecha, lo máximo que pueda

Otra vez de pie, erguido, inclínese ahora a la izquierda

TRONCO
Flexione hacia la izquierda hasta notar una sensación de estiramiento a lo largo del costado y entre las costillas. Aguante un par de segundos antes de volver a la posición inicial.

9

Piernas

Definición: *Ejercicios para los músculos* **extensores**
y **flexores**

Puede ejercitar sus piernas usando **máquinas fijas de pesas o pesas libres**, pero la ventaja de utilizar las primeras es que están diseñadas para mejorar grupos específicos de músculos. Por otra parte, al practicar con pesas libres puede ser más difícil desarrollar el tipo de ejercicios que ayudan específicamente a fortalecer los músculos de sus piernas.

OBJETIVO: Mejorar los músculos de las piernas.

Extensión de piernas

*Ejercicio destinado a fortalecer los músculos frontales de
la pierna. Nivel de dificultad* ••

• Piernas
Deje colgar las piernas por el borde del asiento, de modo que sus pies no toquen el suelo, y apriete la parte delantera de los tobillos contra las almohadillas del elemento de **extensión de piernas**, a punto para elevarlo.

Pesas y polea •
Inserte el peso apropiado en el **apilador** de pesas. El peso debe ser suficiente para producir una ligera **resistencia** cuando levante el elemento de piernas. Empiece con un peso ligero y pase luego a otros superiores. Al levantar sus piernas, un cable en el sistema de **polea** tira hacia arriba el peso seleccionado.

• Agarre
Agarre firmemente los laterales de la máquina con ambas manos durante todos los movimientos de extensión de piernas.

CURL DE PIERNAS

Muchos ejercicios de piernas descuidan los músculos **bíceps femorales** de la parte posterior de la pierna, y se concentran simplemente en fortalecer los músculos frontales, tales como los **cuádriceps**. El **curl de piernas** es un ejercicio de **flexión** ideal para desarrollar los bíceps femorales, y a menudo puede efectuarse en la misma máquina que el ejercicio de **extensión de piernas**.

tras eleva. Manténgase así un momento, y luego baje el peso despacio mientras inspira de nuevo. Seleccione pesos más ligeros que los usados en la extensión de piernas. Repita 4 veces.

ENGANCHE Y ELEVACIÓN
Túmbese frontalmente sobre el banco plano de la máquina, y apoye su barbilla sobre él.
Apoye los brazos delante y enganche ambas piernas bajo los rodillos. Inspire y eleve las piernas, levantando el elemento de rodillos hacia sus glúteos, espirando mien-

---

Fases 1 y 3

PREPARACIÓN Y ELEVACIÓN

Sentado en la máquina, apóyese en el respaldo y agarre firmemente los laterales. Presione la parte delantera de los tobillos contra los rodillos y eleve lentamente extendiendo sus piernas. Inspire antes de empezar y espire mientras extiende las piernas. Aguante unos pocos segundos antes de bajar las piernas. Repita 4 veces el ejercicio.

ASIENTO
Ajuste el asiento y el respaldo para que pueda sentarse cómodamente con la cabeza relajada.

ELEMENTO DE EXTENSIÓN DE PIERNAS
Cuando eleva sus piernas, se tensa el cable de la **polea**, que entonces sube las pesas en el **apilador**.

PIERNAS
En esta posición, todo el esfuerzo de levantar el elemento de extensión se centra en los músculos frontales de sus piernas.

TÉCNICA 9 — MÁQUINA COMPLETA DE CADERAS

Movimiento para desarrollar la forma de los músculos
aductores *y* **abductores**. *Nivel de dificultad* ••

Fases 1-2
EMPUJE HACIA DENTRO Y HACIA FUERA

Fije un peso ligero y luego ajuste la plataforma. En posición muy erguida, agarre el manillar. Mantenga la pierna izquierda inmóvil en la plataforma y, con la derecha, ejerza tensión contra el rodillo, y empuje hacia dentro todo lo que pueda antes de volver a la posición inicial. Cambie de pierna y empiece a trabajar la izquierda.

• MOVIMIENTO DE PIERNAS
A medida que la pierna derecha presiona contra el rodillo y balancea, usted ayuda a fortalecer las tres series de músculos **aductores**: el **largo**, el **mayor** y el **menor** en el muslo interno, que también están unidos al hueso de la pelvis. Su principal acción muscular es llevar sus piernas desde una posición lateral trasera hacia el cuerpo, y también ayudan a realizar la acción de presión.

• APOYO
La pierna izquierda permanece firme durante el movimiento de balanceo impidiendo que el cuerpo se ladee durante el esfuerzo.

Fases 3-4

EMPUJE HACIA FUERA Y HACIA DENTRO

Para trabajar los músculos **abductores** externos, colóquese de pie en la plataforma en la misma posición que para el movimiento del muslo hacia dentro. La principal diferencia es que coloca la pierna derecha en la parte externa del rodillo y la fuerza del movimiento se ejerce hacia fuera tan lejos como pueda. Cambie de pierna. El movimiento debe ser lento y suave.

• PIERNA EXTERIOR

Durante este movimiento de pierna, es imperativo que mantenga rígido todo su cuerpo, agarrando firmemente la barra con las manos. También debe asentarse bien sobre la plataforma con la pierna que no se mueve, para mantener un buen equilibrio. Todos los músculos de la pierna que trabaja están rígidos, y por tanto se benefician de la acción de balanceo. Sin embargo, son los músculos externos del muslo los que más trabajan y mejoran al máximo.

• AGARRE

Sus manos sujetan la barra frontal firmemente para proporcionar al cuerpo el soporte necesario durante las acciones de la pierna.

• ACCIÓN DE LA CADERA

La acción de balanceo de las piernas también ayuda a fortalecerlas y a dar más definición a la forma de sus caderas.

TÉCNICA
9
EJERCICIO DE SUBIDA Y BAJADA EN BANCO

*Ejercicio de **pesas libres**, que utiliza un movimiento de subida y bajada para desarrollar los músculos del muslo. Nivel de dificultad •••*

──────── Fases 1-2 ────────
PASOS ARRIBA

Este ejercicio es una alternativa de la **media sentadilla** (ver pp. 46-47) y del press de piernas reclinado (ver pp. 44-45). Escoja un peso ligero y pida a un compañero que le ayude a colocar la **barra** sobre sus hombros para que pueda empezar en posición erguida. Sitúese de pie frente a un banco. Mire al frente, y procure no ladearse. Dé un paso sobre el banco con la pierna derecha, y luego con la izquierda.

• **HOMBROS**
Mantenga los hombros hacia atrás y sujete la **barra** cerca de los **anillos**. Enrolle una toalla en la barra para proteger sus músculos. No gire el cuerpo mientras dé los pasos arriba y abajo del banco.

• **TRONCO**
Asegúrese de que su tronco esté recto y erguido mientras sube y baja del banco.

• **POSICIÓN DE LA CABEZA**
La posición de la cabeza en este ejercicio es crítica, porque puede evitar cualquier flojedad de su espalda. Mantenga la barbilla alta y la mirada algo por encima de la altura de su cabeza.

• **PASO FIRME**
La pierna que da el paso hace la mayor parte del trabajo, y debido a la **barra** hay tendencia a vacilar. Haga un movimiento lento pero firme al dar el paso; evitará que el cuerpo pierda coordinación con la pierna.

• **PIERNA TRASERA**
Su pierna trasera debe permanecer firme hasta que la pierna que da el paso esté sobre el banco.

• **BANCO**
Para este ejercicio use una superficie de madera, sin acolchar. La mejor altura es de unos 38 cm, pero los principiantes pueden usar una altura inferior.

- ● POSICIÓN
Mantenga el cuerpo
erguido durante todo
el ejercicio; procure
no girar de lado ni fle-
xionar la espalda
mientras agarra la **ba-
rra**. Los músculos **ab-
dominales** y dorsales
trabajarán intensa-
mente y obtendrán el
máximo beneficio.

- ● PIERNAS
Sitúese verticalmente encima del banco con los pies
juntos. No omita un movi-
miento dando el paso abajo,
antes de adoptar la posición
erguida sobre el banco,
pues podría resbalar y
lesionarse.

— GEMELOS DE PIE —

Ejercicio con **pesas libres**
para fortalecer los músculos
gemelos de la pierna. Repita
4 veces sujetando un peso
ligero.

TALONES ABAJO
Erguido, con
sus talones
en el suelo y
la punta de
sus pies so-
bre un **disco**
de pesas.
Apoye una
barra sobre
sus hombros.

TALONES ARRIBA
Erguido sobre la punta
de sus pies en los dis-
cos, cuente hasta 4, y
luego baje los talones
al suelo.

— MÚSCULOS —

El entrenamiento periódico con pesas for-
talecerá los principales músculos de sus
muslos y pantorrillas, en especial los **gemelos**, el **sóleo** y el tendón de **Aquiles**.

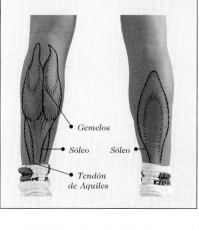

- ● Gemelos
- ● Sóleo Sóleo
- ● Tendón
de Aquiles

Fase 3

PASO ABAJO

Sitúese sobre el ban-
co con las piernas
juntas. Luego baje de
espaldas colocando primero su pierna
izquierda. Cambie a su pierna izquierda para que ambas piernas se ejerci-
ten por un igual. Repita 4 veces,
usando un peso ligero.

TÉCNICA

DÍA 2

10

ENFRIAMIENTO

Definición: *Ejercicios para ayudar a relajar el cuerpo*

LOS EJERCICIOS DE ENFRIAMIENTO AYUDAN A dispersar los productos de desecho formados tras la sesión: el **glucógeno** de la sangre se convierte en **ácido láctico**. Si el ejercicio se para bruscamente, permanece en la zona trabajada y puede causar rigidez muscular.

OBJETIVO: Dispersar el **ácido láctico** formado en la sangre por el ejercicio, y facilitar la recuperación.

ENCOGIMIENTOS DE CUELLO

Esta acción ayuda a reducir el **índice de pulsaciones**. *Nivel de dificultad* •

──── Fases 1-2 ────

ARRIBA Y ABAJO

En posición vertical, con los pies separados al ancho de los hombros, y las manos en las caderas. Baje lentamente la barbilla hasta el pecho. Luego inspire y suba la cabeza hacia atrás, de modo que su barbilla quede elevada y su cuello estirado. Otra posibilidad es girar lentamente la cabeza a la izquierda y luego a la derecha, mientras encoge los hombros. Repita 4 veces.

CABEZA ABAJO

Cierre los ojos mientras baja la cabeza para concentrarse en aminorar su respiración y su **pulso**.

CABEZA ARRIBA

Al levantar la cabeza, tenga cuidado en no inclinarla tan atrás que empezase a limitar su respiración.

MÁQUINA DE ESCALERA

*Máquina para ejercicio **aeróbico** que le permite subir peldaños sobre el mismo lugar contra una suave **resistencia**. Nivel de dificultad •*

Fases 1-2

EMPUJE ABAJO Y ARRIBA

Derecho en la máquina, fije bien sus pies en los estribos y agárrese a la barandilla lateral. Gradúe la máquina a un nivel bajo de **resistencia**. Mantenga el cuerpo erguido y empuje abajo alternativamente con ambos pies, como si caminase sobre el propio terreno. Dé 4 «pasos» con cada pierna. Este ejercicio le ayudará a recuperar el control de su respiración.

PANTALLA DE LA MÁQUINA
Mire el **contador digital** mientras hace ejercicio para ver si actúa según el nivel de **resistencia** prefijado.

PULSACIONES •
Un controlador de pulsaciones, que parece un dedal, se conecta a la máquina para indicarle el nivel de disminución de su **índice de pulsaciones.**

• PIERNAS
El movimiento de pasos en esta máquina equivale a subir regularmente escalones, ejerciendo igual esfuerzo cada pierna y sin sacudidas.

REZO ORIENTAL

*Ejercicio de **enfriamiento** para ayudar al proceso
general de normalización de la circulación sanguínea.
Nivel de dificultad ••*

PIES
Sus pies apuntan hacia atrás.

MOVIMIENTO TOTAL
De las rodillas hacia abajo, piernas y pies permanecen en la
misma posición extendida durante todo el ejercicio. Pero usted levanta los muslos y los glúteos, hace una pausa para
agacharse, y tira hacia atrás hasta tocar con los glúteos la parte
posterior de sus talones.

PIERNAS
Cuando empuja hacia la posición agachada, el principal
apoyo lo dan brazos y
muslos. Haga una mínima pausa antes de mover las
piernas hacia atrás.

ESPALDA ARQUEADA
Aquí su cabeza se
encoge recta mien-
tras mueve todo el
cuerpo hacia atrás.
Su espalda se ar-
quea totalmente; el
movimiento ayuda a
estirar los músculos
de la espalda.

GLÚTEOS

Los glúteos tienen un papel importante en la acción de empuje hacia atrás en la fase inicial del ejercicio.

CABEZA

Su cabeza debe mirar hacia abajo en línea recta con su cuerpo durante todos los movimientos.

POTENCIA DE BRAZOS

Sus brazos empiezan en posición de **flexión de brazos** en tierra, pero colóquelos más cerca de la cintura que de los hombros. Con un vigoroso empuje inicial, eleve el cuerpo del suelo y prosiguiendo el esfuerzo llegue hasta la posición totalmente agachada.

RESPIRACIÓN CONTROLADA

Tumbado sobre el estómago, inspire, y a medida que los brazos le empujan hacia arriba, empiece a espirar a través de la boca durante el movimiento hacia atrás. Se inspira profundamente cuando el cuerpo vuelve a quedar tumbado, y se espira lentamente. Respire uniformemente durante todas las **repeticiones** del ejercicio.

PALMAS PLANAS

Las palmas de las manos permanecen planas sobre la colchoneta durante todo el ejercicio, y ayudan a proporcionar la mayor parte del apoyo del cuerpo durante la fase de **flexión de brazos**.

Fases 1 y 3

EMPUJE Y FLEXIÓN

Como su nombre indica, este ejercicio de **enfriamiento** se parece por la posición, a la que adoptan los musulmanes en sus oraciones. Para empezar, túmbese sobre el estómago en una colchoneta. Flexione los brazos, manteniendo las manos planas en el suelo. Inspire profundamente y empuje fuerte con sus brazos para que la parte superior de su cuerpo se mueva arriba y atrás mientras empieza a espirar. Siga empujando hacia atrás hasta que toque con los glúteos en los talones, estire los brazos y adopte una posición flexionada y firme, con la cabeza bien encogida. Haga una pequeña pausa, efectúe luego otra inspiración profunda y espire mientras vuelve gradualmente a la posición estirada inicial. Repita 4 veces el ejercicio.

DESPUÉS DEL FIN DE SEMANA

Hacerse socio de un gimnasio y desarrollar un programa de puesta a punto

●

AHORA QUE HA COMPLETADO SU cursillo inicial de fin de semana, debe planificar el futuro. Si desea perseverar en la gimnasia con pesas, visite un gimnasio próximo. Normalmente cobran una tarifa anual más un pequeño importe por sesión. A menudo se incluye un cursillo preliminar y el monitor le indicará cómo utilizar las máquinas y, acaso, elaborará un **programa** adaptado a sus necesidades. Para mantenerse en forma, son suficientes 20 minutos diarios de ejercicio, pero son convenientes dos o tres sesiones ligeramente más largas a la semana. Una o dos de ellas podrían consistir en gimnasia con pesas, dedicando la sesión restante a otro deporte, como la natación.

ELABORACIÓN DEL PROGRAMA

En cada sesión realice 6 ejercicios después de su **calentamiento** inicial. Haga los ejercicios básicos de su **programa** (1 de brazos y hombros, 1 de tronco y 1 de piernas), más 2 o 3 ejercicios suplementarios para fortalecer músculos específicos.

CALENTAMIENTO
Deben dedicarse siempre unos diez minutos para calentar los músculos antes de la sesión gimnástica con pesas.

EJERCICIOS BÁSICOS
Son los que forman el núcleo principal de su **programa**; los extras pueden irse variando para adaptarse a sus necesidades.

PESOS
Los pesos que levante deben ser bajos al principio, pero aumentarán a medida que mejore su puesta a punto.

PROGRAMA PERSONAL DE EJERCICIOS

Nombre: *Alberto Palau*
Fecha: 1-92

Actividad: *Entrenamiento aeróbico con pesas*

Calentamiento
Ejercicios de calentamiento
Ejercicio aeróbico de estiramiento: 5 min.
bicicleta: 6 min. nivel 10

N.º	Ejercicio	Peso kg.	Reps.	Series
	Básico-1			
1	Press-banca	23	10	3
2	Giros de tronco	nada	10	3
3	Press de piernas	45	10	3
	Suplementario			
4	Curls de bíceps	11	10	3
5	Jalones en polea	9	10	3
	Básico-2 (5-2-92)			
1	Press-banca	34	6	3
2	Giros de tronco	4,5	6	3
3	Press de piernas	68	6	3
	Suplementario			
4	Gemelos de pie	45	10	3
5	Máquina completa de caderas	11	10	3

Frec.: Series y reps. Días: 2 o 3

Enfriamiento
Máquina de remo aeróbico: 5 minutos, nivel medio.
Ejercicios de enfriamiento: 5 minutos.

SERIES
Si su **programa** dice que debe realizar **3 series × 10 repeticiones**, significa que ejecuta un ejercicio 30 veces, con una pausa entre cada serie de 10.

REPETICIONES
Una **repetición** equivale al número de veces que debe realizar un ejercicio; así, si su **programa** dice 10 repeticiones, repita el ejercicio 10 veces.

ENFRIAMIENTO
Vuelven a la normalidad la circulación sanguínea después de un ejercicio.

ESTRUCTURA DEL CUERPO

Cómo funciona y cómo mantenerlo sano

AHORA QUE SE HA COMPROMETIDO EN PERSEVERAR en la gimnasia con pesas, es importante que descubra algo más sobre su cuerpo: cómo funciona, qué alimentos necesita y los efectos del ejercicio sobre él. El cuerpo consta de huesos, que proporcionan la estructura rígida externa, y de cartílagos, que actúan como un cojín entre las articulaciones de los huesos. Los ligamentos son tejidos duros y flexibles que mantienen juntos a los huesos. Los músculos controlan el movimiento del cuerpo, y constan de numerosas fibras, como manojos de cabellos humanos. Los tendones son fuertes tiras de tejidos que forman el final de la parte carnosa de los músculos, donde éstos se unen a los huesos.

TRATAMIENTO DE UNA LESIÓN

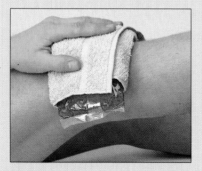

QUÉ HACER
Normalmente, un buen **calentamiento** antes de la gimnasia con pesas evitará lesiones, pero si se produce una lesión muscular debe aplicarse de inmediato una compresa fría para detener la hemorragia interna. La compresa puede comprarse en una farmacia, colocarse en el congelador y aplicarla luego envuelta en una toalla en el área afectada. Eleve del suelo el músculo lesionado para aliviar la presión mientras aplica la compresa. Después de 24 horas su médico o fisioterapeuta deben examinar la lesión, y recomendar ulterior tratamiento si lo creen necesario.

LESIONES SERIAS
Si se produce un desgarro muscular grave, necesitará atención médica inmediata. Es útil recordar que si el dolor es agudo, suele tratarse de un desgarro con hemorragia interna. Si es sólo un dolor leve y más amortiguado, probablemente no sea más que un pequeño tirón muscular, que se curará de modo natural.

MÚSCULOS

Los músculos reciben energía del corazón y de los pulmones, los cuales a su vez aumentan la circulación sanguínea y la respiración para permitir continuar el ejercicio. Si el corazón y los pulmones no pueden satisfacer las necesidades de los músculos, aparece la fatiga. La rigidez muscular se debe a productos de desecho que se almacenan en los músculos. Desaparecerá con más ejercicio.

MÚSCULOS TRAPECIOS
Son grandes músculos en la parte superior de la espalda; se llaman así debido a su forma de trapecio.

MÚSCULOS DE LA ESPALDA
Los poderosos **grandes dorsales**, músculos de la espalda baja.

MÚSCULOS PECTORALES
Conectan el pecho al brazo superior; flexionan y giran el brazo superior.

MÚSCULOS DEL ANTEBRAZO
Controlan la muñeca y los dedos.

MÚSCULOS TRÍCEPS
Cubren toda la parte posterior del brazo; se extienden hasta el codo.

MÚSCULOS ABDOMINALES
Grupo de 8 músculos, unidos juntos de modo complejo.

MÚSCULOS DE LA PANTORRILLA
Parte posterior de los músculos **gemelos** y **sóleo**.

MÚSCULOS ANTERIORES
Controlan todos los movimientos de los tobillos y los dedos de los pies.

MÚSCULOS CUÁDRICEPS
Grandes y poderosos músculos de la pierna, se extienden por la zona frontal de los muslos.

MÚSCULOS DE LA PANTORRILLA
El borde interno de los músculos **gemelos** y **sóleo** puede verse claramente desde la parte frontal de la pierna.

UNA DIETA SANA

Lo que necesita comer para mantenerse en forma.

CUANDO REALICE EJERCICIO REGULARMENTE debe vigilar su ingestión de alimentos para asegurar que come la cantidad correcta de alimentos y bebidas nutritivas. Recuerde que el ejercicio regular le fortalece, pero no mantiene bajo su peso, ya que el control depende de usted. El propósito principal de una dieta sana es reducir su ingestión de grasas y azúcar. Eso significa reducir: comidas fritas, crema, mantequilla, carnes rojas, chocolate y pasteles, así como azúcar (bizcochos, pastelitos, zumos azucarados de frutas, refrescos y dulces). Aumente los alimentos bajos en grasa, altos en hidratos de carbono y fibra: pollo, pescado azul, leche, fruta fresca y verduras, legumbres, arroz, pan integral, y pasta. Mantenga su ingestión de vino o cerveza en los límites mínimos recomendados: 14 unidades/vaso a la semana las mujeres, y 21 los hombres.

• BUENOS MINERALES
Los plátanos apenas tienen grasa, y si buenos niveles de minerales e hidratos de carbono.

• MUCHAS VITAMINAS
Las zanahorias tienen mucha vitamina A, que mantiene sana la piel. Pueden comerse crudas como aperitivo.

• POCAS GRASAS
El pescado azul tiene pocos lípidos; úselo para sustituir la carne roja.

• MUCHA FIBRA
Las alubias proporcionan la fibra necesaria para una dieta sana; con ellos el sistema digestivo no se vuelve perezoso.

• PROTEÍNAS EQUILIBRADAS
El queso tiene un alto contenido en vitaminas, minerales, y proteínas, y aunque es alto en grasas, proporciona niveles altos de energía.

TABLAS DE PESO

Las calorías necesarias para mantener uniforme el peso de su cuerpo dependen de su sexo, ocupación, peso y edad. Como guía general, las mujeres necesitan entre 2.000 y 2.500 calorías día, y los hombres entre 2.700 y 3.500. Las personas mayores necesitan unas 500 menos. Estas tablas muestran los pesos promedio en relación con la altura.

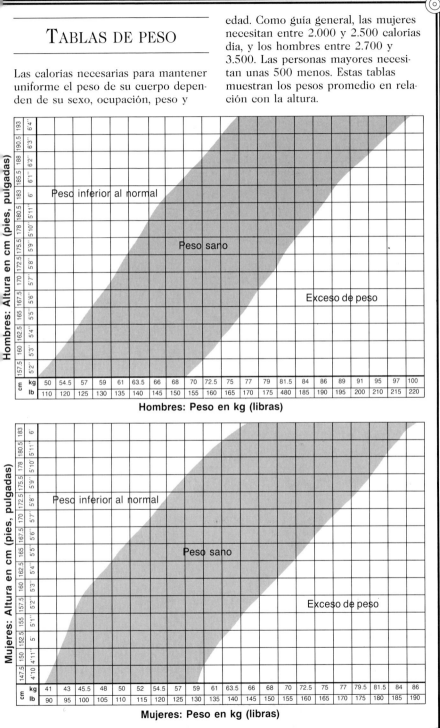

Hombres: Altura en cm (pies, pulgadas)

Peso inferior al normal

Peso sano

Exceso de peso

| cm | kg | 50 | 54.5 | 57 | 59 | 61 | 63.5 | 66 | 68 | 70 | 72.5 | 75 | 77 | 79 | 81.5 | 84 | 86 | 89 | 91 | 95 | 97 | 100 |
| | lb | 110 | 120 | 125 | 130 | 135 | 140 | 145 | 150 | 155 | 160 | 165 | 170 | 175 | 480 | 185 | 190 | 195 | 200 | 210 | 215 | 220 |

Hombres: Peso en kg (libras)

Mujeres: Altura en cm (pies, pulgadas)

Peso inferior al normal

Peso sano

Exceso de peso

| cm | kg | 41 | 43 | 45.5 | 48 | 50 | 52 | 54.5 | 57 | 59 | 61 | 63.5 | 66 | 68 | 70 | 72.5 | 75 | 77 | 79.5 | 81.5 | 84 | 86 |
| | lb | 90 | 95 | 100 | 105 | 110 | 115 | 120 | 125 | 130 | 135 | 140 | 145 | 150 | 155 | 160 | 165 | 170 | 175 | 180 | 185 | 190 |

Mujeres: Peso en kg (libras)

PROGRAMAS FUTUROS

Cómo progresar y mejorar

AL INICIAR LA GIMNASIA CON PESAS POR PRIMERA VEZ, normalmente seleccione un peso que pueda levantar cómodamente, y luego repita el ejercicio diez veces. Después de un descanso de unos cuantos segundos, repita la acción diez veces más, descanse de nuevo, y efectúe las diez **repeticiones** finales antes de pasar al siguiente ejercicio. Esto se describe en su **programa** (ver p. 85) como tres **series** de diez repeticiones con x kg. Este tipo de ejercicio crea un efecto de resistencia. Para progresar en un efecto de fortalecimiento, es necesario añadir peso extra a la **barra**, pero reduciendo el número de repeticiones, por lo cual realiza tres series de seis repeticiones con x más 5 kg. Gradualmente puede reducir el número de repeticiones que realice y aumentar el peso, por ejemplo, tres series de cuatro repeticiones con x más 10 kg. Los practicantes con pesas más avanzados usan el sistema especial de **pirámide** que se describe a continuación.

EL SISTEMA DE PIRÁMIDE

Este sistema sólo han de intentarlo los practicantes avanzados. El sistema usual de **pirámide** consiste en 5, 6 o 7 levantamientos de un peso ligero, y luego aumentar progresivamente la cantidad de peso, mientras se reducen las repeticiones en 1, hasta que sólo queda un levantamiento final con un peso fuerte. Se ilustra aquí un **programa** donde el practicante ha de levantar 40 kg de **discos** de pesas 7 veces, después 45 kg 6 veces, hasta llegar al levantamiento final de 70 kg. El método exige un esfuerzo máximo con un peso mayor cuando los músculos empiezan precisamente a fatigarse. Una variación de este método es la pirámide inversa, donde el primer levantamiento puede ser de 70 kg, por ejemplo, los dos siguientes levantamientos de 65 kg y así sucesiva-

mente. En ambos casos, cuando haya completado con éxito todos los levantamientos, ajuste el programa para empezar de nuevo, esta vez con un peso más elevado.

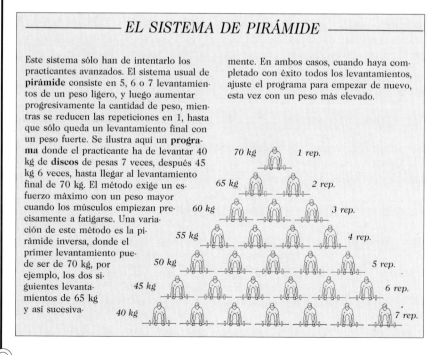

PROGRAMAS PARA DEPORTES

Una vez realizados los 3 ejercicios básicos, los 2 o 3 suplementarios añadidos a su **programa** de puesta a punto pueden referirse a un deporte concreto, que practique regularmente. Pero al trazar dicho programa específico, recuerde siempre que los ejercicios deben referirse a requisitos de fuerza o de resistencia. Seguidamente se exponen algunos ejemplos típicos.

GOLF

Los golpes de golf son un ejercicio **anaeróbico**, pero el juego implica andar por terrenos diferentes durante horas, lo que supone cierta cantidad de ejercicio **aeróbico**.

EJERCICIOS
Todo el cuerpo: Máquina de remo (ver p. 52).
Brazos y hombros: Curls de bíceps con **Mancuernas** (ver p. 62), Máquina Butterfly (ver p. 65).
Tronco: Rotación de tronco (ver p. 69), **Extensión de espalda** (ver p. 70).
Piernas: Press de piernas reclinado (ver p. 44).

TENIS

En el tenis se requiere una mezcla de trabajo **anaeróbico** y **aeróbico**. También se necesita un buen desarrollo de fuerza, resistencia y técnica.

EJERCICIOS
Todo el cuerpo: Ejercicio con bicicleta (ver p. 26), Máquina de escalera (ver p. 81).
Brazos y hombros: Elevaciones con mancuernas (ver p. 39), **Curl de bíceps** (ver p. 62).
Tronco: Giros de tronco (ver p. 42).
Piernas: Media sentadilla (ver p. 60), **Gemelos de pie** (ver p. 79).

ESCALADA

Es principalmente una actividad de fuerza dinámica con uso intenso de brazos y piernas.

EJERCICIOS
Todo el cuerpo: Peso muerto (ver p. 68).
Brazos y hombros: Press militar (ver p. 38), Máquina Butterfly (ver p. 64).
Tronco: Giros de tronco (ver p. 42), **Extensión de espalda** (ver p. 70).
Piernas: Press de piernas (ver p. 44), **Gemelos de pie** (ver p. 79).

ESQUÍ

Es una actividad que exige fuerza y resistencia. Pueden aumentarse usando una mezcla de pesos fuertes y ligeros.

EJERCICIOS
Todo el cuerpo: Bicicleta estática (ver p. 26).
Brazos y hombros: Elevaciones con mancuernas (ver p. 39).
Tronco: Rotación de tronco (ver p. 69), **Elevaciones de tronco** (ver p. 40).
Piernas: Subida y bajada en banco (ver p. 78), Press de piernas (ver p. 44) y Máquina de escalera (ver p. 81).

GLOSARIO

Las palabras en *cursiva* son entradas del glosario.

A

- **Abdominales.** Músculos del estómago.
- **Abductores.** Movimientos que apartan una extremidad del cuerpo.
- **Ácido láctico.** Producto de desecho que se halla en la sangre después del ejercicio.
- **Aductores.** Movimientos que acercan una extremidad al cuerpo.
- **Aeróbica.** Actividad para que el corazón y los pulmones trabajen a plena capacidad.
- **Agarre.** Elemento que se añade a una *barra* o *mancuerna* para evitar ampollas en las manos.
- **Agarre por debajo.** Sujeción de una *barra* con las palmas por debajo.
- **Anaeróbico.** Ejercicio explosivo corto, muy concentrado.
- **Anclar.** Fijar en tierra.
- **Anillo.** Fijación de plástico o de hierro para sujetar los *discos* de pesas en su lugar.
- **Apilador.** Montón de *discos* de pesas en una *máquina fija de pesas.*
- **Aquiles.** Músculo del tendón.
- **Arrancada.** Levantamiento de una *barra* desde el suelo hasta el pecho.

B

- **Bajo impacto.** Forma menos extenuante de ejercicio para reducir la tensión muscular.
- **Barra.** Barra de acero larga sobre la que se cargan los *discos* de pesas.
- **Biceps.** Músculo del brazo superior.
- **Biceps femoral.** Músculo del muslo, parte posterior.
- **Braquial.** Músculo del brazo superior.

C

- **Calentamientos.** Movimientos suaves antes de un ejercicio vigoroso.

- **Cuádriceps.** Músculo frontal del muslo.
- **Culturismo.** Ejercicios y dieta para musculación del cuerpo.
- **Curl de biceps.** Movimiento con pesas para mejorar los músculos del brazo superior.
- **Curl de piernas.** Ejercicio en *máquina fija de pesas* para los músculos *biceps femorales.*

D

- **Deltoides.** Músculos del hombro.
- **Discos.** Son pesas de esta forma, que se añaden a las *pesas libres.*

E

- **Elevaciones de tronco.** Ejercicios en tierra para el estómago.
- **Encogimientos de cuello.** Ejercicios de *enfriamiento* para reducir el *índice de pulsaciones.*
- **Enfriamiento.** Ejercicios para que se relaje el cuerpo después de un trabajo vigoroso.
- **Estiramiento de todo el cuerpo.** Ejercicio de *calentamiento* para aumentar la circulación.
- **Estiramiento de valla.** Ejercicio de *calentamiento* para mejorar la flexibilidad de la cadera.
- **Extensión.** Movimiento de estiramiento.
- **Extensión de espalda.** Ejercicio de tronco.
- **Extensión de piernas.** Movimiento de piernas en una *máquina fija de pesas.*
- **Extensión explosiva.** Ejercicio para todo el cuerpo.
- **Extensión y flexión.** Ejercicio de *enfriamiento* para reducir la tensión muscular.
- **Extensor.** Músculo del pie que estira.

F

- **Fijadores.** Músculos que tensan, pero no se mueven.
- **Flexiones.** Movimientos de inclinación.
- **Flexiones de brazos.** Ejercicio de brazos en tierra.
- **Flexiones laterales con mancuerna.** Acción de estiramiento para el costado y el estómago.

G

- **Gemelos.** Músculos de la pantorrilla.
- **Giro de tronco.** Movimiento en el suelo para trabajar los músculos del estómago.
- **Glucógeno.** Fuente de energía que se halla en la sangre.
- **Glúteos.** Músculos del glúteo.
- **Grandes dorsales.** Músculos de la espalda.

I

- **Índice de pulsaciones.** Los latidos por minuto en que el corazón bombea sangre.

• **Isotónico.** Movimiento automático de los músculos y las extremidades.

J

• **Jogging.** Movimiento de *enfriamiento*, que implica correr muy lentamente.

L

• **Largo.** Músculo *aductor* grueso.
• **Lectura digital.** Pantalla electrónica de una máquina *aeróbica*.
• **Lesiones por tirones.** Pueden producirse por forzar excesivamente los músculos en el gimnasio.
• **Levantamiento modificado.** Ejercicio de estiramiento con *pesas libres*.

LL

• **Llave Allen.** Herramienta para apretar los *tornillos* de la *mancuerna* o de la *barra*.

M

• **Mancuerna.** Barra corta con *discos* de pesas añadidos, para movimientos de brazos.
• **Máquinas fijas de pesas.** Aparatos para fortalecer músculos específicos.
• **Mayor.** Músculo *aductor*.
• **Media sentadilla.** Ejercicio con *pesas libres* para las caderas y los muslos.
• **Menor.** Músculo *aductor* grueso.
• **Multiestaciones.** Máquina grande de gimnasio para cuatro o cinco personas a la vez.

N

• **Nivel de trabajo.** Índice de ejercicio determinado en una máquina *aeróbica*.

O

• **Oblicuos.** Músculos del costado.

P

• **Pectorales.** Músculos del pecho superior.
• **Pesas libres.** *Barras* y *mancuernas* con pesas para la gimnasia con pesas.
• **Peso muerto.** Levantamiento de una *barra* con pesas hasta la altura de la cadera.
• **Pirámide.** Sistema para organizar *repeticiones* usando pesos diferentes.
• **Polea.** Rueda dentada en el sistema de cables utilizado en las *máquinas fijas de pesas*.
• **Press.** Levantar una *barra* por encima de la cabeza.
• **Press de banca.** Movimiento de fortalecimiento de brazos que se realiza en un banco.
• **Press militar.** Movimiento para levantar una *barra* por encima de la cabeza.

• **Programa.** Tarjeta que indica su rutina de gimnasia o una rutina distinta de ejercicios en una máquina *aeróbica*.

R

• **Recto abdominal.** Músculos verticales del abdomen.
• **Repeticiones.** Número de veces que se realiza un ejercicio.
• **Resistencia.** Presión que se siente cuando se fija el nivel de trabajo de una máquina.
• **Resistencia cardiovascular.** Ejercicios para mantener el índice de pulsaciones a nivel alto durante un tiempo.
• **Respiración.** Ejercicio de *enfriamiento* para que el cuerpo vuelva a su estado normal.
• **Rezo oriental.** Ejercicio de *enfriamiento* de todo el cuerpo.
• **Rotación de brazos.** Ejercicio de *calentamiento* para brazos y hombros.

S

• **Sacrospinosos.** Músculos de la columna vertebral.
• **Sacudida.** Acción para levantar una *barra* por encima de la cabeza.
• **Salto de esquí.** Ejercicio similar a la acción de un saltador de esquí.
• **Sóleo.** Músculo de la pantorrilla.
• **Soporte.** Pieza de las máquinas para apoyar las *barras*, las *mancuernas* y los *discos* de pesas.
• **Subida y bajada en banco.** Ejercicio de *pesas libres* para los muslos.

T

• **Tensado.** Acción completa de estiramiento de los brazos o las piernas.
• **Tensión dinámica.** Rigidez de todo el cuerpo antes de un ejercicio.
• **Tornillos.** Fijaciones para unir los anillos en una *barra* o *mancuerna*.
• **Trapecio.** Músculos de la espalda en forma de diamante.
• **Triceps.** Músculo del brazo superior.

ÍNDICE TEMÁTICO

AGRADECIMIENTOS

El Dr. Nick Whitehead y Dorling Kindersley agradecen a las siguientes personas e instituciones su ayuda en la realización de este libro:

A Rick Kiddle y Sally Iken, por su actuación como modelos y sus valiosas sugerencias.
A Collard & Company PR en representación de Olympus Sport por la cesión de su bicicleta estática e indumentaria.
A PR Solutions en representación de DP Products por la cesión de su banco de press y sus accesorios para gimnasia con pesas.
A BH Fitness por la cesión de su multi-gimnasio Tunturi.
A Gym 80 por la cesión de sus máquinas fijas de gimnasio.
A R.A.T. (Manufacturing) Limited por la cesión de su máquina de remo Gyro.
Al David Lloyd Centre de Raynes Park por las fotografías de instalaciones de su gimnasio.

A Pete Serjeant por las ilustraciones a todo color.
A Rob Shone y Paul Wilding por los dibujos a pluma.